Jana Highholder

heute ewig

Jana Highholder

# heute
# ewig

Texte, die in
den Kopf gehen
und ins Herz

FREIBURG · BASEL · WIEN

# Inhalt

1. **zuhause** ............................ 7

   In Liebe ............................ 8
   Dein Kind............................10
   Gesucht und gefunden ....................14
   Vertrauen ........................... 20
   Ich bin da........................... 24

2. **glanzlichter** ........................29

   Diesen Winter wird es hell ................. 30
   Glück durch Glanz.......................33
   Sprich...............................37
   Sommertraum..........................41
   Heldin ..............................45

3. **wage mut** ........................... 51

   Angst................................52
   Wagemut ............................55

| | |
|---|---|
| Demaskiert / Dein Nachbar | 60 |
| Ecken und Kanten | 64 |
| Narben | 68 |

## 4. wunderwerke .................................... 73

| | |
|---|---|
| Naturgesetz | 74 |
| Künstler | 76 |
| Ebbe und Flut | 79 |
| Eine von Milliarden | 83 |

## 5. am ende der anfang .......................... 87

| | |
|---|---|
| Einsicht | 88 |
| Staffellauf | 90 |
| Was wenn? | 95 |
| Nur noch morgen | 100 |

Für meine Eltern
und alle, die mich bis hierhin
begleitet haben.
In Dankbarkeit und Demut,
Jana

*Du hast nur das Jetzt, das Heute und die Ewigkeit danach,*
*doch Morgen ist nicht garantiert,*
*deswegen will ich jemand sein,*
*der heute schon sein Leben an die Ewigkeit verliert.*

# In Liebe

Ich will lieben. Nichts ist mir wichtiger. Und ich bin geliebt. Nichts ist unverdienter. Es brennt mir auf dem Herzen, zu sagen, wie unbegreiflich wichtig das ist. Ich will nicht für das geliebt werden, was ich tue. Ich will keine Tatenliste sein, die für gut und liebenswert befunden wird. Will ich nicht, bin ich nicht. Ich will geliebt werden für das, was ich bin, was mich als Person ausmacht, für das, was mein Herz zum Lachen, meine Gedanken zum Abschweifen, meine Begeisterung zum Aufblühen, meine Knie zum Beugen und meinen Blick aufwärts bringt. In dem Relativsatz hinter meinem Namen soll keine Leistung stehen. Ich will nicht Jana sein, die Medizin studiert, oder Jana, die ein bisschen Texte schreibt. Wenn mich nur definiert, was ich vollbringe, bin ich häufig ein Misserfolg, manchmal eine Katastrophe und nicht selten wohl nicht liebenswürdig. Ich will lieben. Bedingungslos. „Die Liebe, die Christus uns erwiesen hat, bestimmt mein ganzes Handeln" (2. Kor 5,14). Ich handele nicht in Liebe, weil und wenn mein Gegenüber das verdient hat. Ich handele in Liebe, aus Liebe, weil Liebe in mir ist.

Weil ich unverdient geliebt bin, liebe ich – unverdient – zurück. Meine Einstellung ist unabhängig von der Person und losgelöst von ihren Taten. Niemand muss sich meine Liebe verdienen – niemand kann meine Liebe verlieren. Warum? Weil die

Quelle meiner Liebe nicht du bist. Ich entscheide mich für Liebe und meine Quelle fließt im Überfluss – bis zu dir herüber.
„Wir wollen lieben, weil er uns zuerst geliebt hat." (1. Joh 4,19)

– Ich bin geliebt. Ich liebe.

# Dein Kind

Mein Leben
ist eine Durchreise
und ich weiß auf diese Weise,
wen ich ehre, wen ich preise
für alles, was ich habe, was ich bin,
für all das, was ich nicht verdien
und nicht gewinn,
für alles, was ich gar nicht haben wollte
und was doch das Beste war,
und ich weiß, an wen ich denke,
wenn ich sag:
Mir ist jetzt manches klar.

Aus Leiden wurde Leben
und das ist
wunderbar
ob ich weine oder lache, ich bin ihm immer
nah.

Und auch wenn ich's nicht immer denke,
er ist immer da,
und auch wenn ich ihn noch nicht einmal sah,
nicht fühlte oder roch, so weiß ich doch,
zu ihm kommen – werde ich noch.

Wenn mein letzter Atemzug vollbracht
und mein letzter Herzschlag gemacht,
weiß ich, dass meine Seele lacht,
denn sie geht zu dir zu deiner Herrlichkeit und Pracht.

Noch bin ich hier
und so lebst du in mir
mein Dank, mein Lob, mein Amen

gebührt nur dir.
Mein Leben soll dein Loblied sein,
nicht ich will mich rühmen,
denn ich bin doch so klein,
will dich bloß ehren, denn du allein
gibst mir die Möglichkeit,
das bestmögliche Ich zu sein.

An nichts was ich tue, habe oder kann,
kam ich je durch eigene Leistung dran.
Alles, jeder Stein bis hin zum Gold,
ist von dir geplant, von dir gewollt.
Jede Blume, jede Welle, jeder Wind
untersteht dir wie ein Kind,
gehorcht dir, ja lauscht,
sodass das Meer im Takt deines Herzschlags rauscht.
Mit deinem Atem erwachte die Schöpfung zum Leben,
hast ihr Sinn, Verstand und Bestimmung gegeben.

Wo deine Liebe beginnt,
da ist kein Ende in Sicht.
Du bist einer,
der sein Versprechen nicht bricht,
einer, der mit Gnade nach Menschen, seinen Kindern, fischt.
Der, der das Festmahl auftischt und alle einlädt.
Du kommst niemals zu spät,
dein Timing ist stets perfekt
und ohne dich wäre ich schon längst an dieser Welt verreckt.

Du Vater und Gott, du Schöpfer und Meister,
du Künstler, du Heiland, du Vorhangzerreißer,
du Tröster, du Sündenentblößer,
mein Glaube an dich wird jeden Tag größer.

Du schenkst mir Freude, erfüllst mein Herz,
so wie kein Mensch es kann,
und im Abspann meines

Lebensfilms stehst du als
Autor und Regisseur,
über allen und so viel höher.

Kein Mensch kann mich
  verstehen,
alle glauben, ich bin am
  Abdrehen,
und das nur, weil sie die
  Geschenke deiner Liebe nicht
  sehen.

Menschen werden lachen,
während andere für ihren
  Glauben weinen,
nicht aufgeben, weil sie im Tod
  mit dir vereinen.

Menschen wollen frei sein von
  deinem Gebot
und werden Sklaven dieser Welt.
Und ohne dass mir das gefällt,
  muss ich sehen,
wie einer nach dem anderen zu
  Boden fällt.
Jeder Mensch braucht ein Licht
in der Dunkelheit,
das ihm den Weg erhellt,
das ihn erlöst von dem Schmer-
  zensschrei
der Zeit.

Du bist der, der aus Fesseln
  befreit.
Der, aus dem die Hoffnung
  gedeiht.
Du bist das Alpha, Omega,
bist mächtig, herrlich und wahr,
du bist den Menschen hier nah
und was auch in dem Leben eines
  jeden geschah.

Dich interessiert nicht,
wer und wie jemand war,
wer zu dir kommen will, für den
  bist du da,
nimmst ihn auf, so wie er ist, weil
  du niemanden an seiner
Leistung misst.

Eines Tages, oh Vater, werd ich's
  raffen,
denn mit dir, oh Gott, kann man
  alles schaffen.

Nichts ist für dich zu groß,
nichts stellt dich bloß.

Du predigst Nächstenliebe,
Erbarmen, Geduld,
predigst die Vergebung der Schuld,
Freude und Barmherzigkeit,
die uns von allen Zweifeln befreit.

Wasser hast du zu Wein gemacht,
mit deinem Tod das Leben gebracht,
dort oben am Kreuz, sie haben alle gelacht,
und was hast du gesagt?
Es ist vollbracht!

Und ich weiß, ich bin komisch in den Augen dieser Welt,
komisch solange, bis sie unter den Kriegen und Katastrophen zerfällt,
komisch solange, bis du dich zeigst,
solange, wie dein Gericht noch schweigt,
solange, bis sich die ganze Schöpfung vor dir neigt.

Vater, du hast mir gezeigt, was Leben heißt,
hast mich erfüllt mit dem Heiligen Geist,
und nun steh ich hier oben als dein Kind,
das dich preist.

# Gesucht und gefunden

Du
bist wunderschön,
ich liebe dich.
Wenn du sprichst,
malst du mit deinen Worten
   ein Gedicht,
ich wüsste nicht,
was mir missfällt,
in deinen Augen sehe ich das
   Kunstwerk
deiner Welt.

Du bist ein Spiegelbild von
   Schönheit,
und seit du mein Gedanke warst,
bist du geblieben,
unter Milliarden Menschen,
verspreche ich dir,
ich werde dich lieben.

Du, du faszinierst mich,
dein Lachen inspiriert mich,
und wenn du deinen Blick erhebst,
sobald du tanzt, mit Leichtigkeit
   durchs Leben
schwebst,
da betrachte ich dich
   und den Glanz in deinem
   Gesicht
und hör der Freude zu,
die aus dir spricht.

Ja du, du bist mutig,
Angst begleitet, aber führt dich,
hält dich nicht,
du gehst an deine Grenzen und
   einfach weiter,
fragst „Was, wenn ich scheiter?"
Glaub mir, ich bleib da.

Und wenn ich Tränen rinnen sehe
   durch dein Gesicht,
lass mich der Erste sein, der sie
   trocknet,
wegwischt,
du bist zu schön, da ist zu viel
   Licht,
das aus mir, zu dir, durch dich
   ausbricht.
Sag, siehst du mich nicht?

Ich liebe dich so sehr,
du kannst es nicht begreifen,
doch mit jeder meiner Taten
versuche ich, deinen Blick zu
   streifen.
Sieh nicht weg!

Du,
ja dich
meine ich.
Jeden Morgen, wenn du erwachst,
beim Anblick der ersten
   Sonnenstrahlen,
die ich dir schenke,
lachst,
ja dann kannst du gar nicht wissen,
was du mir für eine Freude
   machst.

Wenn du aufstehst,
   in den Tag losgehst,
dann eile ich neben dir her,
begleite dich.
Sag, siehst du mich nicht?

Bei jedem Schritt bin ich dabei,
quetsch mich mit dir in den Zug
   und manchmal frag ich dich
   sogar:
„Ist der Platz neben dir noch
   frei?"

Ich würde so gerne mal mit dir
   reden,
über mich und die Welt,
stattdessen sehe ich zu,
sehe alles, was dich abhält, ablenkt
und verstehe, warum dein Herz
   denkt,
dass es Liebe nicht gibt und selbst
   wenn,

dass sie nicht siegt,
dass sie, einmal da, wieder verfliegt,
nachts, wenn deine Augen offen sind
und du wünschst, du wärst noch einmal Kind,
da lieg ich neben dir.

Und läufst du durch die Straßen der Stadt,
hast alles so satt,
blick ich in deine Augen,
frag: Warum sind sie so matt,
wo ist die Farbe, das war doch mein Geschenk
an dich,
sag, siehst du mich nicht?

Sagt er.

Und ich,
jeden Morgen, wenn ich erwache,
Sonnenstrahlen sehe und mich auf den Weg mache,
da will ich weg,
raus aus dieser Stadt,
hier ist alles so voll,
ich hab das so satt.

Züge fahren, doch bringen mich nirgends hin,
ich drehe Kreise
und stelle die Frage nach dem Sinn.
Ich finde nicht, wo ich hingehöre,
keinen Ort, wo ich nicht störe,
keine Lippen, von denen ich „Ich liebe dich" noch höre
oder wenn, überhaupt glaube,
ich beraube mich der Sicht,
von der ich einst noch meinte,
sie verlässt mich nicht,
bin zurückgelassen in einer Welt,
die verspricht, was sie nicht hält.

Licht sein – war der Plan,
erleuchten, wo es dunkel scheint,
trösten, wenn mein Gegenüber weint,
und ganz ohne Bedenken,
Umarmungen verschenken.

Doch ich fühle mich nicht hell,
zumindest nicht mehr hell genug,
eher wie ein Streichholz, das mit einem Atemzug
erloschen werden kann,
und dann – ist wieder alles dunkel.

Ich funkel nicht, wie all die Sterne,
fühl mich lang noch nicht wie 'ne Laterne,
erhelle keinem seinen Weg und kann diesen auch nicht weisen.

Wenn es Liebe gibt,
dann nicht für mich,
ja, Gott, sieh mich doch an und sag mir, was ist es, was ich kann?
Sag, wann kommt meine Zeit,
bin ich noch auf dem Weg und wenn ja:
Ist es noch weit?

Denn mir scheint,
zwischen dir und mir,
da haben sich Schluchten aufgetan,
sie reißen weiter ein,
und das ist mein Verdienst,
ich weiß, ich habe mich umgedreht,
bin weggerannt,
ich hoffe bloß, du hast erkannt,
dass es mir leidtut.

Kind, und so hetzt du dich durchs Leben,
um den Stunden deines Tages etwas Fülle zu geben.
Du bist so wichtig,
unentbehrlich,
ehrlich,
ich hab die Welt für dich überwunden,
hab dich gesucht
– und gefunden.

Ich liebe dich,
sag, glaubst du mir nicht?

Ich liebe dich,
sagt Gott zu dir,
und genau hier
reißt der Vorhang auf,
das war ein teurer Kauf,
die Schlucht, die schließt,
weil da plötzlich Liebe fließt
und Gnade in Strömen,
als er seinen Sohn gab,
 um uns zu versöhnen,
weil dein Stöhnen ein Ende haben
 sollte,
warum all das?
Weil er dich wollte!

Und das unseren Rahmen
 sprengt,
weil Gott nicht denkt wie ein
 Mensch,
deine Tat nicht sein Wesen lenkt,
und weil was auf Golgatha
 geschah,
dir Freiheit schenkt.

Du darfst sie nehmen, es steht
 bereit,
du bist eine wunderschöne Braut,
hier kommt dein Kleid.
Du bist tapfer Krieger,
deine Rüstung steht,
versprochen, du bist Sieger.

Ein Leben, für dich hingegeben,
so weit meine Augen blicken,
 bloß Segen.

Und ich, ich dreh mich um,
fall auf die Knie und seh,
was ich nicht sehen kann.

In dieser Welt, doch nicht von
 dieser Welt,
seh mich um, doch seh nichts,
 was mich noch hält,
und während mir mein Herz die
 Frage stellt,
wo ich denn hin will,
seh ich dich an und dann werde
 ich still.

Nichts kommt dir gleich,
nichts misst sich mit deinem Angesicht.
Keine Finsternis wird heller, ohne dein Licht.
Du bist, was du versprichst,
und für all das liebe ich dich.

Du und ich und wir, wir alle, suchen
nach Erfüllung, Zweck und Sinn,
doch nirgends passten wir je hin,
ich mein, so richtig,
auf ewig ersetzbar.
Wenn wir mal ehrlich sind, ist uns das klar,
rennen unseren Zielen hinterher,
die Zeit verrinnt,
ist das nicht Jagen nach dem Wind?

Und vielleicht glaubst du nicht an Gott,
und was ich sage, ist für dich bloß schlechte Poesie,
das kann schon sein,
vielleicht ist dir manches unverständlich, hey,
er lädt dich ein, mit ihm zu reden,
seltsam, aber er hört jeden,
und will dir Antwort geben.

Du bist ihm wichtig,
unentbehrlich,
ehrlich.

Er hat die Welt für dich überwunden,
hat dich

gesucht – und gefunden.

# Vertrauen

In meinem Kopf ist es so laut,
es strömen die Gedanken,
und manchmal habe ich Angst,
ich komm ins Wanken,
dann erinnere ich mich an dich,
   fall auf die Knie und beginn zu danken,
denn mein Gott ist schrankenlos,
er kennt kein Ende,
ich plan ein Buch,
in seiner Bibliothek stehen ganze Buchbände.

Er sagt Neuanfang,
ich habe Angst, ich scheiter,
er blickt mich an und sagt liebevoll:
Mach weiter!

Bleib wie ein Baum gepflanzt an Wasser,
nah an deiner Quelle dran,
verlierst du den Blick, dann
   fokussier dich neu
und sieh mich wieder an.
Folge mir auf meinem Weg,
dann werd ich Segen regnen lassen,
will dich ertränkt sehen im Vertrauen,
und dann geh, mach dich bereit,
ich will Neues mit dir bauen!

Lass mich mutig sein, wie Esther,
War einst mein Gebet,
doch mutig sein, kann erst, wer versteht,
dass man's werden muss,
indem man furchtlos Schritte geht
und daran glaubt: Gott kommt nicht zu spät.

Jahrelang hab ich gefleht, ja
 gebetet, dass du dies und jenes
 tust,
und irgendwann dann kam ich
 zur Ruh
und hab verstanden,
was dir fehlt, ist mein eigenes
 Handeln.

Du willst Menschen, Herzen,
 Hände,
willst ihr Vertrauen und sagst:
Geh, mach dich bereit,
ich will Neues mit dir bauen.

Ebne einen Weg,
mach die Straßen bereit,
ich werde kommen,
genau zur richtigen Zeit.
Ich war und bin – gib deinem
 Atem Sinn.

Und ich weiß das alles, Gott,
und so gebe ich mich dir hin,
jeden Tag wieder.
Lass meine Worte klingen wie
 Himmelslieder,
wie 'ne Melodie,
die erzählt, dass es dich gibt,
schenke meinem Herzen Worte,
lass es sagen, dass es dich liebt.

Denn manchmal habe ich Angst,
die Zeilen füllen sich nicht mehr,
Gedanken voll und Blätter leer,
und manchmal frage ich mich,
wen es interessiert,
ob es jemand hört.
Doch selbst wenn die ganze Welt
 es stört,
ich werde nicht aufhören, zu
 reden,
weil auch du nicht aufhörst,
mir Worte zu geben,
Worte vom Leben,
und weil ich nicht aufhöre, nach
 dir zu streben,
werde ich immer wieder und alles
 für dich geben.

Ich bin für immer Kind Gottes,
für immer seine Braut,
für immer gerettet und für immer
 auf Felsen gebaut,

für immer geliebt, für immer gewollt,
für immer genau richtig
und für immer und ihn wirklich wichtig,
bin für immer wunderschön,
auch wenn ich alt und faltig werde,
bin für immer nur ein Stückchen Erde,
dem einst Leben eingehaucht,
für immer in die Gnade eingetaucht,
für immer ist mir vergeben,
und selbst wenn ich sterbe, werd ich leben.

Lass mich Segen sein,
wo es dunkel ist,
Neid auf Hass und Herzenslöcher trifft.
Lass mich Umarmung sein,
wo Nähe fehlt
und Einsamkeit den Menschen quält,
lass meine Worte Wirkung haben,
meine Sätze deine Botschaft tragen.
Lass mich Fragen stellen,
die wichtig sind,
Antworten geben,
die richtig sind.

Ich widme dir mein Werk
und jede meiner Taten,
und ich kann es kaum erwarten,
zu sehen, was du daraus machst.
Du hast mein Vertrauen,
ich mache mich bereit,
denn du sagst,
du willst Neues mit mir bauen.

Ich komm wieder her,
zurück zur ersten Liebe.
Bist seit ewig schon mein Anker,
wenn die Gedanken strömen
und drohen mich zu ertränken,
warst, bist und bleibst mein Mutmacher,
nimmst mir meine Bedenken,
und ich will dir jetzt was schenken:

Hier ist mein Herz.
Dass ich Texte schreiben kann,
ist meine Gabe,
hier ist alles, nimm alles, was ich
   habe,
was ich in den Händen halte.
Lass mich dein Echo sein,
multipliziere,

dein Faktor ist Unendlichkeit und
   noch einmal
sagst du mir:

Mach dich bereit,
ich will Neues mit dir bauen,

und ich, ich hab Vertrauen!

# Ich bin da

Ich, Mensch voll Schöpferkraft,
sitze in den eigenen vier Wänden.
Sieh dich um, all das hab ich vollbracht,
mein Baum, der lacht, in Kerzenpracht,
hab's bis nach oben geschafft,
der Himmel steht mir offen.

Das Glück und ich, wir haben uns getroffen,
Fleiß hinzu und eine Prise Vitamin B
und nun steh ich hier –

Allein.
Betrachte all das Licht um mich herum und
frag:
Wie kann's in Helligkeit so dunkel sein?

Was mich umkreist, das kreist mich ein,
wie kann ein Mensch so einsam sein?

Isoliert in so viel Wert,
dass nichts mehr davon wertvoll ist
und du merkst, dass du Mensch ohne Schöpfergaben bist.

Und wenn's ihn gibt, ich hab versagt, niemals
nach diesem einen Gott gefragt,
mein Antworten auf irgendwann vertagt
und jetzt plagt mich die Frage des Endes der Tage,
denn jeden Abend wird es dunkel,
doch der Morgen bringt Licht,

nur in meinem Herzen ist's grau,
  es ändert sich nicht.
Und wenn's ihn gäb – und ich wär er,
wüsste ich, einen Menschen wie mich,
den bräuchte ich nicht.

Ich teile, aber nur mit Freunden
  und die sind rar,
Ich mein, ich würde ja,
aber es ist doch alles da.

Aber eben nicht für jeden
und für manchen hängt das Leben
  an seidenen Fäden.
Ich liebe auch meinen Nächsten,
aber mich selbst viel mehr,
so vieles fällt den Menschen leicht,
doch Menschlichkeit so schwer.

Ich habe echt alles – um mich
  gebaut wie 'ne Mauer,
erschauere beim Anblick des
  Mülls, in dem ich sitz,
und nenn es Glanz – nenn es
  mein Leben,
doch nicht etwas, nicht eines
  davon
könnte ich jemals dir geben.

Weißt du, wer ich bin?
Und du sagst, du willst mich?
Sicher nicht.
Sprich!
Und er sagt:
Sicherlich!

Er sitzt und weint mit mir,
flüstert in mein Ohr:
„Kind, ich bin doch hier!
Dein Alleinsein schließt mich
 nicht aus,
denn in dir wohne ich,
ja, dein Herz ist mein Zuhaus!
Wisch deine Tränen weg,
du bist so schön.
Versteck dich nicht, es wird
 vergehen,
nicht alles hier musst du
 verstehen,
nicht für alles Gründe sehen
und hör auf zu hinterfragen,
was seit ewigen von Tagen
so gedacht, ja so mein Plan war.

Du lernst aus deinen Fehlern,
und vielleicht warst du gar nicht
 schuld,
vielleicht hat jemand dich
 verletzt,
doch hab auch mit ihm Geduld.

Vielleicht sackt der Boden unter
 dir zusammen
und die Welt erscheint dir grau,
dann schau mir zu, wie ich in all
 den bunten Farben,
die Leben, Vielfalt haben, male
und mit meiner Liebe für all
 dein Tun bezahle.

Kind, manches tut weh, doch ich
 seh dich –
hab dich nicht vergessen.

Ich sitz – und wein mit dir,
flüster in dein Ohr:
„Kind, ich bin doch hier."
Bin immer derselbe, war von
 Anfang an da.
Und sagst du auch Nein,
du hast für immer mein „Ja".
Meine Tür steht dir offen,
hab dich auf deinem Weg schon
 so oft getroffen,
ich warte auf dich,
verändere mich nicht,
ich sitz und wein mit dir,
nimm dich in den Arm und sag:
 Kind, ich bin doch hier!

Wie kann das sein?
Ein so großer Gott macht sich so klein?
Kam als Kind in einer Krippe im Dreck,
hinterließ sein Wort,
landete am Kreuz
und wischt mit seinem Blut,
   mit seiner Liebe Tränen weg.

Was für ein Mensch.
Was für ein Gott.

Reißt meine Mauern nieder,
kommt herab zu mir,
bricht mit Licht in Dunkelheit,
streckt mir die Hand entgegen,
   sagt:
„Wann immer du willst,
   ich bin bereit.
Ich bin bei dir – heute hier.
Ich bin der ich bin,
   ich bin der: ich bin da."

# Diesen Winter wird es hell

Es wird Winter, die Tage kürzer und kälter und alles, jeder, verschwindet nach und nach im grauen Nebel. Es ist so trist, wenn ich aus dem Fenster schaue und auch wenn ich hineinblicke – in mich. Der Winter symbolisiert für mich eine Zeit des Ausharrens, des Wartens auf Besserung, darauf, dass wieder Sommer wird, und mich belastet der Anblick einer Wolkendecke, die jeden Moment auf mich herabzustürzen scheint. Jedes Jahr wieder.

Doch diesen Winter, da habe ich mir vorgenommen, dass es hell wird, trotz aller Dunkelheit, es soll hell sein, hell in meinen Worten, Taten, Gedanken, hell in meinem Herzen. Ich will Licht sehen und Licht sein.

So gehe ich morgens aus der Tür und beim Anblick der ersten Regentropfen habe ich meinen Vorsatz vergessen: „Im Ernst. Ohne Witz, was soll das", denke ich mir und vergesse, dass das kein böses Vorgehen gegen mich, sondern die Natur ist: „Es ist Winter, lass es regnen, meine Güte, und betrachte die Tropfen als Freudentränen, jetzt reiß dich zusammen. Okay? Okay!"

Ich sitze am Schreibtisch, lese einen Satz zum zehnten Mal und frage mich, ob das an mir liegt und was ich hier eigentlich tue. Ob das Gottes Ernst sei, dass ich Medizin studieren soll, und ob wir uns das mit Germanistik nicht noch mal überlegen könnten. „Nein, weitermachen, gehorsam sein, vertrauen, Kind, musst du immer so rebellieren. Entspann dich doch mal im Glauben an meinen Plan. Okay?" – „Okay!", denke ich mir und lese den Satz zum elften Mal, und ein paar Male später habe ich dann auch die Satzbausteine identifiziert und ein wenig später die Grundessenz verstanden. Halleluja. Ich würde mal gerne einen Film gucken, aber alleine ist das unfassbare Zeitverschwendung und irgendwie fehlt mir jemand, um das zu tun.

Warum sind eigentlich alle um mich herum gerade am Heiraten. „Bin ich ein weiblicher Paulus? Gott das wäre so heftig uncool, also ich würde dich immer noch lieben und ja, du hast mein Wort, aber ernsthaft, ich hätte was mit dir zu diskutieren, wenn ich irgendwann mal oben ankomme." – „Beruhig dich, Kind, und lies den Satz zum zwölften Mal. Alles zu seiner Zeit, und gerade liegen noch ziemlich viele Bücher, nicht wenige Auftritte und ein ganz neues Projekt vor dir, also wenn du mal bitte fokussiert bleiben könntest?

Danke. Weitermachen, gehorsam sein, vertrauen, Kind." – „Warum um alles in der Welt ist es so kalt? Ich hätte gerne Sonne, wenigstens ein bisschen, so eine Wintersonne wäre auch okay …", sage ich und kann mir die Antwort fast denken: „Neben dir liegen Decken, wer auch immer sie wohl dorthin gelegt hat, also wisse dir zu helfen." Ich sehe ein, meine Argumente sind schwach und meine Schlagfertigkeit leider nicht vorhanden.

Dunkel, hell, hell, dunkel, „Haaaallooo, kannst du mal aufhören, am Lichtschalter zu spielen? Es soll hell sein."

So, oder so ähnlich, geht es mir in diesem Winter. Mal hell, mal dunkel, dann wieder hell. Aber ich glaube, dass die Bibel wahr ist und dass Jesus Licht ist, dass Licht in uns ist und dass wir darin wandeln.

Und irgendwie gefällt mir der Gedanke, dass das ganze Leben ein Lernprozess ist und dass Gott meine Kleinschrittigkeit und Unfähigkeit mit Humor nimmt. Wenigstens haben wir etwas zu lachen.

Wenn es diesen Winter hell wird, dann wird es nächsten Winter noch ein bisschen heller. Und das ist eine ganz schön schöne Aussicht. Bis dahin nehme ich mir einen Regenschirm mit, lese beharrlich weiter, und kuschele mich in Decken ein, um mit meiner Mitbewohnerin, dem Skelett Gertrud, einen Film zu gucken. Es ist ja alles da, ich muss den Lichtschalter nur betätigen. Zack, hell.

# Glück durch Glanz

Ich bin auf der Suche nach Glück
   und
ich weiß, dass nicht alles,
   was glänzt,
auch Gold ist.

Doch wenn ich nicht beim Glanz
anfangen soll,
zu suchen und zu erkunden –
wo dann?
Und so verrinnen endlos viele
   Stunden,
in denen ich mir endlos viele
   Fragen stelle
und am Ende doch nicht erhelle.

Ich weiß auch gar nicht genau,
wonach ich mich eigentlich sehne,
aber ich meine zu spüren:
Meine Gefühle stehen unter so
   was wie 'ner Quarantäne,
und sobald sie sich offenbaren,
seh ich schon, wie sich Angriffe
   ganz gierig nahen.

Und alles, was man so offenlegt,
wird zum Spielball von
Neid, Hass und letztendlich
   Zerfall.

Deswegen bauen wir diese
   Mauern.
Und gleich obendrauf regenfeste
   Dächer,
die uns schützen sollen vor
   Schauern.

Und dabei fühlen wir uns nicht
   einmal isoliert,
kein Stückchen desorientiert,
wir kennen das so und
sind über die Sicherheit sehr froh.

Jeder hier ist so sehr mit sich
 selbst und seinen Problemen
 befasst,
dass er das Glück, das gerade
 nebenan passiert,
einfach verpasst.

Und irgendwie macht dieses
 „nebenan" auch aggressiv,
denn man ist niemals selbst dran.

Und dann plagt uns schnell der
 Unmut,
denn nur den anderen,
denen geht's immer gut.

Dann frag mal deinen Nachbarn,
wann er das letzte Mal richtig
 glücklich war.
Er wird sicher erst mal grübeln
 und
wer kann's ihm schon verübeln.

Wir leben alle bloß unseren
 Alltag,
 den – um ehrlich zu sein –
keiner wirklich mag.
Und als ob das nicht schon
 bedenklich genug wäre,
warten wir ganze fünf Tage
auf das Ende der Plage.

Und während wir nicht mal
 geschafft haben, auszuruhen,
denn es gibt ja immer viel zu tun,
ist die Zeit so schnell verronnen
 und die neue Woche hat wieder
 begonnen.

Der Montag ist
 – und da sprech ich wohl
 für alle –
nichts weiter als 'ne sadistische
 Falle.

Und wer morgens schon gut
 gelaunt ins Büro spaziert,
dem wird erst mal deklariert,
er müsse was genommen oder
 wenigstens 'nen Anlass haben,
dieses Grinsen sei ja kaum zu
 ertragen.

Wir finden einfach keinen Grund, scheinbar
ganz grundlos glücklich zu sein.

Dabei hat fast jeder einen Job und immer was zu essen.
Und zugegeben:
Wir in der westlichen Welt
sind ziemlich verfressen
und kennen auch bloß
die feinsten Delikatessen.
Fast jeder hat ein Bett
und die meisten 'ne Internetflat.

Wir dürfen aufstehen, rausgehen, Bildung genießen,
kennen Einstein, Goethe
und wie sie alle hießen.
Und Schule ist zwar generell immer doof,
aber ohne die wären wir das.

Wir alle haben Eltern,
vielleicht auch Schwester und Bruder und ...

Hey, du da!
Hast du nicht gerade Sauerstoff in deine Lunge
gebracht und gar nicht drüber nachgedacht?
Hat dein Herz grad etwa Blut gepumpt,
damit dein Puls nicht verstummt?

Und irgendwie bist du auch hierhergekommen.
Ich schätze, deine Beine haben dich getragen
und du hast bloß vergessen,
Danke zu sagen.

Haben deine Augen das grad wahrgenommen
und ist meine Botschaft,
der deine Ohren gelauscht haben,
gerade angekommen?

Unser „grundlos" ist ziemlich seltsam definiert.
Und ich hoffe, dass sich unsere Gesellschaft
dafür ordentlich geniert.

Wir sind auf der Suche nach
   Glück und
glauben, wir finden's beim Glanz.
Und das stimmt auch voll und
   ganz!

Das Problem ist,
dass wir nicht mehr an das
   Wunder „Leben" glauben,
dabei sollte es uns eigentlich den
   Atem rauben.

Im Gegenteil: Wir kriegen dieses
   geschenkt,
und wer das mal bedenkt,
der wünscht sich am Ende seiner
   Tage, er hätte Montag nicht mit
   Warten auf Freitag verbracht,
sondern besser was aus seiner
   Zeit hier gemacht.

Das ist auch bloß meine
   Definition von Glück.
Und ich bin endlich von meiner
   Suche zurück.
Ich weiß: Ich darf leben.
Und was Glücklicheres kann's für
   mich gar nicht geben!

# Sprich

Ich stehe inmitten der Masse der Menschen der Stadt.
Um mich herum so viele und jeder Einzelne, der was zu erzählen hat.
Doch jeder bleibt stumm.
Ich dreh mich um,
doch meine Sicht ändert sich nicht.

Ich seh Gesichter, tausend Lichter,
doch keiner spricht da.
Jeder summt und keiner singt,
jeder rennt, doch keiner springt,
keine Geschichte kommt heraus.
Ich dichte, doch will kein Applaus,
denn ich formulier die Gier der Zeit
und sprech sie aus.

Aus jedem Haus kommen Menschen raus
und füllen die Straßen,
gewissermaßen sind sie sozusagen
voller unbeantworteter Fragen,
seit Tagen am Jagen nach der Antwort,
dem Ende, doch hinfort sind's die Umstände,
die uns stets verzagen lassen.
So viele Eindrücke, die auf uns niederprasseln,
dass wir letztendlich resignieren,
weil wir sonst den Halt verlieren.

Gefühle gefrieren, denn Mitleid hat auf dem Schlachtfeld nichts verloren,
und so haben wir uns geschworen,

dass wir kämpfen, wie es alle tun,
lassen Hirn und Herz zu Hause ruh'n,
getrieben von den Zwängen des Systems,
die keiner gut findet
und doch niemand kritisiert,
und so ist's passiert, dass alle tun,
was die Norm uns eben sagt
und niemand danach fragt,
wo denn der Sinn sei,
jeder denkt er wäre frei,
und ist doch das Gegenteil,
weil sich keiner widersetzt,
sich jeder unterschätzt, weil
die Straßen voll sind mit leeren Menschen.

Wer bist du?
Und nenn mir jetzt keine Daten,
mich interessieren keine Fakten,
leg das alles zu den Akten,
ich will deine Geschichte hören.
Und ist mir egal, wenn sich da nichts reimt,
denn um ehrlich zu sein,
ist Glanz auch nur der Schein,
erlaub mir einen Blick in dich hinein.

Ich will wissen,
wer du und wie du dazu geworden bist,
stell so viele Fragen,
bis deine Fassade splisst,
dein wunderschönes Äußeres ist nett anzusehen,
doch ich will deinen Charakter kennen
und dich innerlich versteh'n.

Was lässt dich nachts nicht
  schlafen?
Was hält dich wach?
Was ist in deinem Kopf?
Und woher kommt der ganze
  Krach?

Du bist wie ein Buch
und ich kenn nur das Titelblatt,
hab vielleicht nur einen Versuch,
doch ich hab die Stille satt,
weil jeder Mensch was zu
  erzählen hat.

Was erzählen mir deine Blicke?
Was haben diese Augen schon
  gesehen?
Reden reicht nicht, um das alles
  zu verstehen,
doch wie viel Wort steckt in der
  Stille?

Es gibt für alles einen Grund,
  nicht wahr?
Für alles ist bereits 'ne Erklärung
  da.
Doch du bist ein Geheimnis,
bleibst verborgen, versteckt.
Wartest du drauf
  oder hoffst du nicht,
dass es jemand entdeckt,
dich zum Leben erweckt,
dass es jemanden wirklich
  interessiert,
was in deinem Kopf und Herz
  passiert?
Dass jemand wissen will,
  woher du kommst,
und was dich wohin treibt,
dass jemand da ist, der auch
  bleibt?

Schönheit wird vergehen,
und das werden uns die Jahre
  zeigen.
Wir werden sehen,
was wir bereits wissen,
und wir uns doch verschweigen.
Komm, wir schauen hinter die
  Kulissen,
lesen in das Drehbuch rein,
denn Geschichte ist zeitlos,
und genau das soll sie sein.

Mit deinem ersten Pulsschlag,
begannst du zu erzählen.
Am Anfang flüsterst du noch,
zaghaft, leise, und doch
hört man dich,
also sprich!
Sag, was du zu sagen hast,
erzähl, bis jeder Ton verblasst,
weil du dich damit einmal selbst
   erfasst!

Ich kann dich nicht zwingen,
kann dich nicht zum Schweigen-
   brechen bringen.
Reden musst schon du.
Doch ich versprech:
Ich hör dir zu

# Sommertraum

Im Sommer ist das Leben ein anderes.
Die Luft ist nicht so rau,
der Himmel ist blau,
alles ist so leicht,
weil plötzlich der Horizont
bis hinter den Ozean reicht.
Jeder Tag gleicht einem Abenteuer,
in unseren Herzen brennt ein Lagerfeuer.

Alle Sorgen verschieben sich auf morgen,
denn daran denken wir nicht,
malen mit Farben ein Gedicht,
erwarten, dass Sommerregen alle Linien verwischt,
dass wir endlich tanzen können,
wie wir wollen, und lustig sind,
dass wir uns treiben lassen können vom Wind.

Wir werden von Optimismus durch den Tag getragen,
kennen keine Antworten,
denn niemand stellt Fragen.
Es geht nicht ums Warum,
alle Gedanken werden stumm,
wir sind frei und ja,
vielleicht klingt das dumm und unvernünftig,
doch der Moment trennt uns von Zukunftsweitblick.

Es ist mal kurz alles irrelevant,
wir nehmen uns bei der Hand
und komisch –
genau in solchen Zeiten haben wir erkannt,

dass Leben eben auch Freiheit
   atmen heißt
und es eine Geschichte ohne
   Drehbuch ist,
die uns zusammenschweißt.

Denn wie du selber weißt,
wollen wir immer alles planen,
vorausschauend sehen, erahnen,
die Kontrolle behalten,
ordnen, strukturieren, verwalten,
wir sind so uneasy drauf,
haben keine Zeit zum Träumen,
doch genau das ist's, was wir
   versäumen.

Kein Künstler wurde genial,
nur weil er's wollte, so ganz
   rational.
Und niemand wird entdeckt,
wenn er sich hinter vier Wänden
   versteckt.
Und wer nicht irgendwann mal
   irgendwo aneckt,
der hat noch nicht gecheckt,
dass die Welt kein Einheitsbrei ist
und sein soll,

denn du kannst und bist was,
was ich nicht kann und bin,
und das ist toll.

Ich liebe Eigenartigkeit –
und das in jedem Sinne,
weil ich bei jedem Gespräch mit
   dir und dem
an Horizont dazugewinne.
Weil ich's cool find,
wenn du mir sagst, dass ich
   spinne,
und du selbst ein bisschen freaky
   bist
und mir mal wieder klar wird,
dass „anders"
auch nur eine Variable von
   „normal" ist.

Ich liebe die Metaphorik des
   Sommers,
denn alles wird hell.
Was vorher trist war,
   leuchtet jetzt grell.
Alles ist erwacht,
   die Sonne, sie lacht,
und selbst wenn nicht:

Wir tanzen im Regen denn Erleben ist,
was Leben ausmacht.

Wir verzichten auf Bedacht
und wenn Gedanken dich einengen,
dann lass uns doch mal den Rahmen sprengen.
Nichts ist verwehrt, nichts verkehrt,
das dieses Gefühl vermehrt.
Entfern, was dir den Blick versperrt,
denn das Leben ist bunt
und nicht schwarz-weiß.
Manchmal brauchst du Glück,
und es reicht nicht nur Fleiß,
manchmal muss es eben anders laufen,
als wir's für richtig halten,
denn „neu" ist besser als
„es ist alles beim Alten".

Ich packe meinen Rucksack voller Euphorie,
so viel zu tragen, hatte ich noch nie.
Und wenn du willst,
dann komm mit mir auf Reisen,
lass uns ganz bewusst entgleisen
und vielleicht fliegen lernen.
Lass uns daran glauben,
dass wir's schaffen bis zu den Sternen,
auch wenn das völliger Schwachsinn ist,
ist doch egal,
denn die schönsten Erzählungen unserer Kindheit
begannen doch mit „Es war einmal ..."

Ja, es war einmal Sommer
und er hörte nicht auf,
denn ich hab Sonne im Herzen,
ich bin immer gut drauf.
Außer montagmorgens vielleicht,
aber es gibt Kaffee,
der das grundsolide ausgleicht
und zudem noch ein Genuss ist,

und ich merke, dass „Freude"
nicht bloß Tagesform,
sondern Einstellungssache ist

Geh raus!
Hör Regentropfen auf die Straßen
 platzen,
das ist dein Applaus.
Das ist deine Zeit!
Komm, mach was draus!

Und ich sag gar nicht,
dass du auf das höchste Dach der
 Stadt steigen musst.
Das kannst du gerne tun,
aber dann stehst du halt da oben
und fragst dich: „Was nun?"

Nein, es geht vielmehr darum,
stets Neues zu probieren,
mal was zu riskieren,
niemals seine Neugier zu
 verlieren.
*„Forever young"* – nein das klappt
 so nicht,
aber „ewiger Tatendrang" ist,
was mein Herz mir verspricht.

Nein, ich bezweifle nicht,
dass Sommer ein Lebensmotto ist
und ganzjährig Gültigkeit hat.
Und hab ich irgendwann die
 Sonne satt,
dann lern ich eben Ski,
denn das Entdecken der Welt,
das endet irgendwie nie.

Und so sieh auch du nicht nur zu,
denn das ist nicht der Clou der
 Sache,
ich will, dass du dabei bist,
wenn ich lache, Faxen mache,
ich will das mit dir teilen,
denn so kann ein Augenblick
in zwei Herzen verweilen.

Sommer, das ist der Takt zu dem
 wir tanzen,
singen, durch das Leben
 schwingen.
Der Traum, den wir wohl niemals
 zu Ende bringen.

# Heldin

Ich bin objektiv weiblich
und ich versteh nicht,
warum aus mancher Sicht
aus weiblich Schwäche spricht,
denn ganz wesentlich betrachtet,
werden wir als das schwächere
 Geschlecht erachtet,
und so physiologisch anatomisch,
scheint das wahr zu sein,
doch Frau heißt eben nicht,
hinter dem Mann werd ich klein.

Nein.
Du, wie du hier stehst,
bist einzigartig, unersetzbar,
wunderschön, doch auch
 verletzbar.
Dein Herz, dein größter Schatz,
in ihm ist Platz für jeden gegeben,
doch du musst es behüten,
denn aus ihm strömt das Leben.

Dein Herz ist frei,
du lässt es laufen, lässt es fliegen,
doch pass auf,
welche Hände es zu fassen
 kriegen,
denn bei Kopf gegen Herz
wird der Besitzer des Herzens
 immer siegen.
Und wurdest du enttäuscht,
vielleicht innerlich gebrochen,
lässt du es in den Trümmern
 liegen
und hast dir schon versprochen,
nie wieder zu vertrauen und
lieber Mauern um dein Herz zu
 bauen.

Doch
du bist viel zu schön,
um zu weinen,
strahlst viel zu hell,

um nicht zu scheinen.
Du bist ein Einzelstück
und nirgends mehr zu finden,
du verkörperst Freude,
lass dein Lachen nicht verschwinden,
denn
wohin denn?

Wohin willst du gehen?
Renn, so weit wie du willst,
du wirst es nicht verstehen.
Hör auf, dir Anerkennung zu erflehen,
denn der Anfang liegt darin,
selbst deinen eigenen Wert zu sehen.

Ja, du musst begreifen,
dass du ein Wunder bist,
dass dein Vater dich nicht an
Konfektionsgrößen, Likes oder Erfolgen misst,
dass er dich liebt und nicht vergisst.

Du bist mit Bedacht gemacht
und voller Talent,
und sei du die Erste, die das erkennt,
die dafür brennt, denn:
Du bist ein Feuerwerk von Farben,
ein Kunstwerk in dir selbst,
du bist befähigt, nach außen zu tragen,
was du in dir hältst.

Such nicht nach deiner besseren Hälfte,
um dich zu komplettieren,
denn du bist schon ganz
und das musst du erst kapieren.
Hält Gott dein Herz,
kannst du's nicht verlieren.

Liebe findet sich in Unabhängigkeit
und das gegenseitig,
und nur das eine Band,
die Abhängigkeit von Gott,
befreit dich, zu lieben
ohne Ende in Sicht,
weil ich dran glaube,

dass er sein Versprechen auf ewig
nicht bricht.

Ein Mann, der seine Frau liebt,
wie Christus die Gemeinde,
der für diese Liebe alles gibt,
für den bete!
Sei gewiss: Du darfst ernten,
was dein Vater für dich säte,
dein Mann steht bereit,
doch sei geduldig:
Gott hat seine Zeit.

Ich weiß,
dass es uncool ist, zu warten,
leben wir doch in einer Zeit ohne
   Zusagen
und voller übereilter Taten,
doch dein Körper ist ein Tempel,
heilig und kostbar,
ein Unikat, ja ein Einzelexemplar.

Und ist der Eine da,
dann lass ihn dir genügen,
hör nicht auf die Welt,
sie will dich bloß belügen,
denn egal, was du tust,

du wirst körperlich nicht finden,
wonach sich deine Seele sehnt,
es wird dich nicht erfüllen.
Sieh doch auf die Straßen –
alles wandelnde Hüllen.

Du bist nicht Old School,
nur weil du für Werte stehst,
an denen andere fallen,
Gott hat's dir versprochen,
also lass es durch die Straßen
   hallen:

Du bist eine Braut –
wunderschön
von außen und von innen!
Warte, bis sich jemand traut,
dich aus Gottes Händen zu
   gewinnen!

Denn dein Herz ist da,
wo deine Schätze sind,
und für alles andere macht die
   Liebe blind.

Und wird aus Frau
einmal Mutter mit Kind,
beginnt die Aufgabe,
sich aufzugeben,
für dieses eine kleine Leben.
Es lieben zu lehren, Vorbild zu sein,
so wird es Vater und Mutter ehren,
denn sie legen alles in es hinein.
Und war dieses Wesen noch so klein,
irgendwann wird es groß,
du lässt es los,
es wird seinen Weg finden,
doch egal, wohin es geht,
niemals aus deinem Herz verschwinden.

Eltern und Kind –
das ist bedingungslos auf ewig.
Mein Vater und ich für immer
 – versteh ich.

Manchmal scheint's,
als würden Christen
in ihrer Jugend was verpassen,
als müssten wir von allem Spaß
die Finger lassen,
als wäre uns nichts erlaubt,
und Gott selbst ist's,
der uns die Freiheit raubt

Doch, Mensch, du darfst alles tun,
was dir gefällt,
kannst nach allem suchen,
was dich hält.
Du bist frei
in dem was du tust,
alles ist erlaubt,
doch nicht alles ist gut.

Freu dich an der Jugend,
sie kommt nicht wieder,
tanz durch die Straßen
und sing deine Lieder,
doch sieh mal genau:

Ich bin eine Frau, und das ist
 keine Aufforderung zu: Stell
 dich zur Schau.

Frau heißt nicht, kaum Kleidung zu tragen,
nicht, nicht deine Meinung zu sagen.
Frau heißt nicht, bloß zu kochen,
sich zu Hause zu verstecken.
Eine Frau ist kein Objekt,
und ich hoffe, die Welt beginnt das bald zu checken.

Ich weiß sehr gut, wer ich bin,
ich muss mich nicht erst finden.
Ich weiß, was ich kann und was nicht,
und ich kann mich überwinden.
Ich weiß, was ich möchte, was ich darf.
Ich bin nicht langweilig, denn das ist kein Synonym für brav.
Ich lasse mir nicht sagen, dass „ich das alles irgendwann noch versteh",
weil ich die Welt eben anders seh.

Es reizt mich nicht,
als Resultat von so viel „Erfahrung sammeln",
nachher zu Hause zu gammeln
und alle
Männer als Herzensbrecher abzustempeln.
Ich muss, will und werde
mein Leben nicht umkrempeln,
nur damit es in den Geist der Zeit passt,
denn fast hätt ich genau das getan,
doch dann wurd mir klar,
was ich mir alles erspar.

Ja, sie haben recht. Du verpasst etwas.
Nein, nicht nur etwas, du verpasst alles.
Alles das,
was dich in deinem Wert degradiert,
was dazu führt,
dass dein Ich an Selbstachtung verliert.
Du verpasst,
morgens aufzuwachen und zu denken „Scheiße, was ist letzte Nacht passiert?",
und ich hab kapiert,

dass es nicht normal ist,
sich ständig zu vergleichen,
ständig dem Gruppenzwang zu
   weichen.

Ich behüte mein Herz
und beschütze es vor Schmerz.
Ich geb's nicht weg,
denn sonst kommt es leer zurück,
   und ich begeb mich plan- und
   ziellos
auf die Suche nach Glück.
Ich will mich gar nicht benutzt
   und ungeliebt fühlen,
nicht in Selbstzweifel ersticken,
will mich nicht in
Lüge, Verleumdung, Hass und
Misstrauen verstricken.
Ich glaub nicht, dass man
   Erfüllung findet

irgendwo zwischen Alltag und
   Eskalation,
denn mein Ziel erreicht,
das habe ich schon.

Und du,
du bist so viel mehr als jedes
   Vorurteil,
jedes Stereotyp,
du bist unfassbar,
nicht in Worten zu beschreiben,
atemberaubend – ohne zu
   übertreiben.

Dass du bist,
hat einen Sinn, ist ein Gewinn,
und ich nenn dich – Heldin.

# Angst

Die Angst und ich, wir kennen uns gut. Sie begleitet mich nachts auf dem Nachhauseweg und abends in mein Bett. Sie steht neben mir, läuft mir hinterher, wenn ich weglaufe. Ich habe Angst – vor ziemlich genau drei Dingen: Dunkelheit, Einsamkeit und vor dem Scheitern.

Ich habe furchtbare Angst davor, alleine nach Hause zu gehen – nachts.

Ich finde die Vorstellung unerträglich, dass meine Großeltern sterben könnten, bevor ich heirate, obwohl ich mir schon immer gewünscht habe, sie würden diesen Tag mit mir erleben.

Aber viel mehr habe ich Angst, dass dieser Tag gar nicht kommt. Dass Gott diesen einen Mann nicht für mich hat. Dass ich, wie Paulus das sagt, zu der Sorte Mensch gehöre, die besser alleine bleiben soll, obwohl nichts in mir das will.

Und mich überkommt die Panik, wenn ich auf die bevorstehenden Klausuren blicke: Wie um Himmels willen? Ich wache morgens auf und neben mir bereiten sich Panik und Überforderung darauf vor, mit mir in den Tag zu gehen.

In allen diesen Punkten werde ich dominiert und gelenkt von etwas, das mich unfähig macht, zu handeln, das mich aufwühlt, rastlos und rennend hinterlässt, auf dem Weg nach nirgendwo. Ich drehe mich, endlos kreisend um – mich. Ich tanze und die

Angst führt. Ich kann gar nicht anders, als zu folgen, meine ich, dieser Takt, völlig aus dem Tempo, nimmt mich mit. Es treibt mich um, aber nicht an.

Die Bibel sagt: „Gott ist Liebe – und wo Liebe ist, ist keine Angst" (1. Johannes 4,16.18). Sie stellt nicht Liebe und Hass gegenüber, sondern Liebe und Angst. Die Anwesenheit Gottes bedeutet die Abwesenheit von Angst, was heißt, dass in Anwesenheit der Angst Gottes Liebe nicht wirkt, wenn wir nicht daran glauben, dass sie die Angst überwinden kann.

Was ist Gott für ein Vater, wenn er dich nicht liebt? Und wenn er es tut – und das tut er – warum sollte er etwas Schlechtes mit dir vorhaben? Wenn ich glaube, Gott hat Interesse daran, dass ich durch meine Prüfungen falle, was habe ich dann für ein Bild von Gott, von meinem Vater? Und warum, warum sollte Gott in mich die Sehnsucht nach Gemeinschaft reingelegt habe – und mich dann alleine lassen? Was denke ich eigentlich, wer und wie Gott ist? Dieser Gott, der mich wollte und der in meiner Schwachheit stark sein will, der seinen Plan, den er mit mir angefangen hat, auch zu Ende führen will, warum sollte er und wie könnte er so sein wie ich?

Angst ist eine Lücke im Vertrauen. Sie sagt nichts weiter als: Ich glaube dir nicht. Ich glaube nicht, dass du kannst und dass du willst, ich glaube nicht, dass du einen Plan mit und für mich hast mit Zukunft und Hoffnung, wie versprochen (Jeremiah 29,11).

„Dein Wort ist meines Fußes Leuchte und ein Licht auf meinem Weg", heißt es in Psalm 119. In meiner Dunkelheit kann es hell sein und wenn ich alleine bin, kann ich begleitet werden.

Gott hat uns nicht gegeben den Geist der Furcht, sondern der Kraft und der Liebe und der Besonnenheit (2. Timotheus 1,7). Die Furcht in uns kommt nicht von Gott. Wie auch, wenn sie doch das genaue Gegenteil zu seinem Wesen ist. Warum also halte ich an etwas fest, was mir gar nicht guttun möchte, während ich weiß: Da gibt es jemanden, der liebt mich so sehr, dass er mir das Leben in ganzer Fülle schenken will (Johannes 10,10).

Ich glaube daran, dass Gottes Liebe die Angst überwinden kann, auch wenn es mir in der praktischen Umsetzung sichtbar schwerfällt. Nur in einem Moment, da habe ich bereits gelernt, meine Angst abzulegen, und mich in Vertrauen, in seine Liebe, fallen zu lassen, eben weil ich mir meiner Abhängigkeit ganz und gar bewusst bin: auf den Treppenstufen vor der Bühne.

Wir sollen alles so tun, als sei es für den Herrn (Epheser 6,7), daher habe ich einmal auf die Frage, ob und wie ich mir meine Texte merken kann, geantwortet:

„Wenn ich auf der Bühne stehe, dann nehme ich kein Textblatt mit, weil ich weiß: Ich tue hier etwas für Gott, zu seiner Ehre! Warum sollte er mich scheitern lassen? Ich stehe hier nur, um ihn groß zu machen. Ich glaube, dass Gott befähigt, wen er beruft. Auf der Bühne stehe ich aus Liebe, in Liebe, durch Liebe. Angst lähmt, Liebe befähigt."

Diese Sicherheit will ich lernen, wieder mitzunehmen auf meinem Weg die Treppenstufen hinab – mitnehmen auf die Bühne des Lebens quasi.

# Wagemut

In meinen gewohnten vier
  Wänden,
umgeben von Ecken und Enden,
die ich alle schon kenn,
sag ich mir immerzu „Wenn ...",
denn mir fallen tausend Gründe
  ein,
allein zu sein und hier zu bleiben,
es gibt viel, was mich hält,
und ich lass mich nicht treiben.

Es ist alles so bequem,
das geht schon klar,
ich sag viel lieber „Vielleicht" und
  nur ab und
zu mal „Ja".
Und vielleicht ist es wahr,
dass ich viel zu oft nichts tue,
ich samt meiner Taten ruhe
und mich dann wundere,

dass sich nichts bewegt, nichts
  regt,
und ich so tu, als ob ich's nicht
  versteh,
obwohl ich an mir selber seh,
dass ohne etwas auch nichts
  werden kann.

Und dann stellt sich die Frage,
was mich hält.
Was hält mich davon ab,
aufzustehen, rauszugehen?
Was sind die Sachen, die mich
  daran hindern,
ein Feuer zu entfachen,
denn dafür braucht es nur einen
  Funken
und Sekunden,
und alles brennt.
Was ist das, was mich noch davon
  trennt?

Und ich weiß nicht,
kennt ihr, was ich mein?
Ich würd gern so vieles tun,
doch ich lass es einfach sein
und nein, ich bin nicht faul,
mir fehlt einfach nur ein bisschen Mut.
Vielleicht ist das, was ich mache, doch gar nicht so gut.

Und sind einmal Zweifel in ein Herz gesät,
ist es schon zu spät,
denn die Stimme frisst dich innerlich auf,
spielt Lügen in deinem Kopf rauf und runter,
und der Wille in dir, dein Tatendrang,
geht unter.
Deine Welt ergraut und du wünschst,
sie wär ein bisschen bunter,
doch munter drehen Gedanken ihre Kreise,
still und leise,

und auf diese Weise beginnst du irgendwann zu glauben,
dass es richtig ist, dir deinen Wert zu rauben.
Denn keiner sagt dir: „Du bist perfekt",
so wie du bist und warum?
Weil sich jeder an dem anderen misst
und dabei ganz vergisst,
dass „Du bist geliebt" ein heiliges Versprechen ist,
das nie an Gültigkeit verliert.

Doch wir meinen unsre Leistung definiert,
was Gesellschaft von uns profitiert.
Und weil wir Angst vor dem Versagen haben,
gehen wir's erst gar nicht an,
und dann sitzen wir

in unsren gewohnten vier Wänden,
umgeben von Ecken und Enden,

die wir alle schon kennen,
beginnen uns langsam von
  unsren Träumen
zu trennen,
denn sie scheinen unerreichbar,
doch sind sie eigentlich in uns –
  ganz nah – da.

Und ich wünschte,
ich könnte deinem Herz erklären,
  warum es egal ist, was die Welt
  dir sagt,
denn keiner von denen, die
  meinen „Du kannst das nicht",
hat dich jemals gefragt,
von wem du kommst,
was deine Mission hier ist.
Und so kommt's,
dass du sie selbst viel zu schnell
  vergisst,
du dich an Maßstäben misst, die
  keine sind,
und so die Angst ihren Kreislauf
  beginnt.

Hör in dich hinein,
ja ich glaube,

Gott legt in jeden Menschen eine
  Stimme rein,
die ihm sagt, wohin er soll.
Und beginnst du einmal, ihr zu
  lauschen,
hörst du Worte, die dich beflügeln,
  dich berauschen,
die Angst mit Zuversicht
  vertauschen.
Und beginnst du einmal, ihr zu
  folgen,
stellst du fest:

Das ist mein Weg
und ich leg Stein auf Stein
und ich geh Schritt für Schritt,
und er, er läuft mit dir mit.

Du bist nicht bloß berufen
und wirst dann allein gelassen,
nein, du bist befähigt,
und das musst du erst mal fassen.

Ich kann nicht mehr von dem
  Gedanken lassen,
dass es gut ist, was zu tun,
auch wenn dich

dafür Menschen hassen,
denn ich bezweifle nicht,
dass eine Tat erst durch Herzenshaltung
in ihrem Wert besticht.

Und so frag dich,
aus welchem Grund ein Mensch etwas tut.
Ist seine Absicht gut oder handelt er aus Wut?
Und was bleibt?
Was brennt in der Glut,
wenn das Feuer erlischt?

Nicht alles ist einfach und viel kostet Kraft.
Doch schau dich um,
alles um dich herum
  braucht jemanden,
der sich aufrafft,
der es erschafft.

Wenn Türen sich schließen,
dann öffnen sich Fenster.
Warum? Sie sind transparenter.

Und so sollst du sein!
Leg dein Herz frei und trenn dich vom Schein!
Es ist unmöglich, Mensch zu berühren,
was zu bewegen,
ohne ehrlich zu reden und Segen zu geben.

Nicht alles, was du tust,
wird sofort funktionieren,
doch fürs Scheitern muss sich niemand
genieren.
Hinfallen? Das wird jedem passieren.
Die Frage ist: Stehst du wieder auf?
Gehst du diesen Berg hinauf –
egal, wie viel Kraft es zerrt, und
egal, was und wer dir den Weg versperrt?

Mag sein,
dass Menschen auf dich runtergucken,

runterspucken,
doch du, hör nicht auf, auf dein
   Ziel zu gucken.

Und mag sein,
dass Menschen lachen,
doch keinen von diesen siehst du
   etwas
Besseres machen,
als du es tust,
sei mutig, weil du aufgestanden
   bist
und nicht mehr ruhst.

Sei entschlossen,
kam einst die Idee in deinen Kopf
   geschossen,
so hast du jetzt aufgehört,
große Reden zu schwingen,
   und beginnst,
Veränderung herbeizubringen.
Hab keine Angst und lass dich
   nicht erschrecken.

Kraft lebt in dir und du kannst sie
   erwecken.

Frei von Ecken und Enden,
ohne Verstecken und mit dem
   Ziel zu entdecken,
hast du tausend Möglichkeiten,
musst sie nur beschreiten und
lässt du dich leiten,
durch die Weiten der Welt,
wirst du staunen,
was sein Plan für dich bereithält.

Das Leben spielt dir eine
   Symphonie,
die in tausend Klängen erschallt
und du,
sieh zu,
dass etwas davon durch deine
   Taten
widerhallt.

# Demaskiert / Dein Nachbar

Deinen Nachbarn – kennst du nicht,
schon gar nicht beim Namen,
vielleicht ein bisschen vom Gesicht
und was der so macht,
interessiert dich – nicht.

In einer Welt, die durch Gleichgültigkeit besticht,
in der Hochmut jeden erwischt
und Eigennutz ganz oben mitmischt.
ist Persönlichkeit was ziemlich Rares –
und es ist traurig, dass das wahr ist.

Doch wer nicht mit der Masse schwimmt
und nicht der Meinung aller zustimmt,
ist ziemlich schnell weg und gar nicht mehr zu finden.
Und so kommt es, dass nach und nach
mehr und mehr Persönlichkeiten vom Spielfeld verschwinden.

Die Menschen im Fahrstuhl
siehst du nicht an.
Und kommst du nicht an die Knöpfe dran,
dann fragst du nicht freundlich nach einer Lücke,
sondern übst mit deinem Arm lieber Verrenkungskunststücke.

Vor Kommunikation sollte man
 uns lieber verschonen,
denn es könnte die Entstehung
 zwischenmenschlicher Beziehun-
 gen drohen.
Tendenziell ist ein Gespräch mit
 Fremden viel zu heikel
und gegen unseren inneren Rebell
 bleiben wir lieber still.

In einer Welt, die den Menschen
 nicht mehr durch Selbstwert
 definiert,
Millionen für Schönheits-OPs
 kassiert,
ist es schnell mal passiert,
dass ein Gesicht zur Maske wird.
Und bevor es irgendjemand
 registriert,
werden wir von gefühllosen
 Zombies regiert.

Es zählt nicht, wer du bist,
sondern wer du zu sein scheinst,
und damit du Ersteres vergisst,
kriegst du jeden Tag gesagt,
dass man dich am Erfolg misst.

In einer Welt, in der wir unsere
 jungen Mädchen
zu Jeansgröße Null erziehen,
nicht merken,
wie jegliche Freuden aus ihren
 Gesichtern fliehen,
und wir nichts dagegen tun,
dass völlig falsche Selbstbilder in
 ihren Köpfen ruhn, sie mental
 auffressen,
ist innere Schönheit schnell mal
 vergessen.

Und dann brauchen wir uns nicht
 wundern,
wenn keiner mehr dem anderen
 gibt,
weil er ja nicht mal sich selbst liebt.

Menschen können stundenlang
 chatten,
doch wenn sie sich treffen,
sind sie kaum vorm Verstummen
 zu retten.
Die ganzen Smileys drücken aus,
 was der Mensch nicht mehr
 kann.

Wir machen immer weiter und fragen uns,
wann sind wir endlich mal dran,
denn dann würden wir allen zeigen,
was so fern intern in uns schlummert.

Doch fragen uns – wie?
In einer Welt, in der dir gesagt wird:
„Das schaffst du nie",
fällt jeder früher oder später auf die Knie.
Und wenn das passiert,
dann merkt das keiner,
denn dein Nachbar, kennt dich nicht,
wer du bist und was du tust,
interessiert ihn nicht.
Dein Gesicht hat er niemals gesehen,
denn du trägst die Maske,
die dich vor dir selbst beschützt.
Und sonst hat sie dir noch nie was genützt.

Menschen schauen sich nicht mehr in die Augen,
denn allein das ist schon die reinste Provokation.
Du hast Angst,
dein Gegenüber würde jede deiner Poren durchbohren
und finden, wer du wirklich bist.
Du hast Angst, jemand würde sehen, was du erlebt hast.
Und weil du nicht willst, dass dir jemand in die Wunde fasst,
hältst du deine Seele bedeckt
und schaust lieber weg.

Wenn die Augen der Spiegel zur Seele sind,
warum schauen wir nicht rein?
Doch von dem Schein der Körperspiegelbilder
werden wir verblendet,
bis die Suche nach uns selbst langsam in unseren Köpfen verendet.

Wir sehen unser Abbild,
aber niemals uns selbst.

In einer Welt, in der wir mit
　gesenktem Kopf
– Blick aufs Smartphone –
durch die Straßen hetzen,
die Wichtigkeit der virtuellen Welt
　völlig überschätzen,
und wir immer weiter laufen,
wahllos kaufen,
ist keine Zeit, mal stehen zu
　bleiben.
Wir lassen uns in den Massen
　treiben,
ohne zu verstehen, dass wir's tun
　und warum.

Wann wurden wir stumm und
warum sind wir's geblieben?

Sag deinem Nachbarn „Hallo!",
frag ihn, was er tut – und das ganz
　einfach so.
Mach dem Mädchen im Fahrstuhl
　ein
Kompliment,
selbst wenn sie dich nicht mal
　annähernd kennt.
Verwirr die Menschen auf der
　Straße
mit einem kontextlosen Lächeln,
lass ihre ausdruckslosen Masken
　schwächeln
und vielleicht lächeln sie zurück.
Verteil ein bisschen Glück,
liebe Worte und freundliche
　Blicke – im richtigen Leben
und du wirst sehen,
es wird auch deine Maske heben
und deinem Gesicht echte Freude
　geben.

Blick deinem Gegenüber in die
　Augen.
Spür die Magie des Moments
entfach das Feuer,
spür, wie es in deiner Seele brennt
und hör gut zu,
wenn jemand aus tiefstem
　Herzen,
deine Persönlichkeit „wundervoll"
　nennt.

# Ecken und Kanten

Irgendwo sind wir doch alle
   Philosophen,
Gefühlvolle Dichter unsrer
   eigenen Strophen.
Wir wollen 'ne gute Story,
   einen spannenden Deal.
Mit Happy End – ganz unser Stil.

Wir wollen galante Eleganz,
das Beste vom Besten, prachtvoller Glanz.
Kein Worst-Case-Szenario,
sondern die Sensation.
Nur gewöhnlich? Wer braucht das
   schon?

Alles soll sich reimen, nahtlos
   übergehen.
Nur die anderen, die Verlierer, die
   bleiben stehen.

Aber wir, wir laufen, ganz ziellos
   voraus,
da draußen, das glauben wir,
   wartet Applaus.

Bloß keine Fehler machen und
herzlichst in die Kameras lachen.
Bloß keine Wunden haben, denn
die hinterlassen so hässliche
   Narben.

Wir wollen auf ein Titelbild –
   vorne ganz fett –
am Besten mit Namen,
   das wäre ganz nett.
Wir wollen das schaffen:
Unsere Geschichte perfekt,
sodass wir's nicht raffen, denn
genau da liegt der Fehler versteckt.

Wir alle wollen Großes schaffen
und Großes sein,
kein Mittelmaß und bloß nicht zu klein,
hervorstechen und polarisieren,
so sehr, dass wir's nicht realisieren:

Wer hat uns eigentlich gesagt,
dass normal nicht reicht,
dass man uns immer mit denen vergleicht?

Wer hat gesagt, dass wir immer anders sein müssen,
dass es nicht mehr reicht,
aus purer Liebe zu küssen?

Es gibt immer einen Grund,
sich nicht gut genug zu fühlen und
nach den eigenen Fehlern zu wühlen.
Scheinbar ist der Zeitpunkt immer perfekt,
um Selbstkritik zu üben und
das eigene Gemüt von Grund auf zu trüben.

Und dann wundern wir uns,
wenn wir dieses Lachen verlieren,
denn genau das wird früher oder später passieren.

Zufriedensein ist schon fast ein Vergehen.
Und da behaupte noch einer,
er könne das System hier verstehen.

Wir wollen immer, immer weiter,
doch sie ist so endlos hoch,
die Karriereleiter.

Wer hat uns gesagt,
dass wir nichts sind,
doch alles werden können?

Aus einem von vielen soll dieser Eine gedeihen,
kann uns denn keiner aus diesem zwanghaften Streben befreien?
Wo bitte liegt denn das Ziel?
Wer genau gewinnt dieses Spiel?
Schon in der Regel liegt der Betrug, denn:

Wir, wir sind genug!
Vollkommen dank Kratzern und Wunden,
geprägt durch unsere dunkelsten Stunden, und
in dieser perfekten Unperfektheit da
haben wir endlich Schönheit gefunden.

Unsere Worte und Zeilen werden lebendig,
nur der Wandel, der bleibt beständig.
Vielleicht geht es nicht ums Happy End,
vielleicht reicht schon die Geschichte.
Nichts und niemand macht sie zunichte.
Papier ist geduldig, die Seele ist's nicht.
Sie hält nicht still,
egal, was die Welt ihr verspricht.

Die Kleinen hier, die rein und gut in Zufriedenheit leben,
sind wohl größer als die Großen, die stets nach Höherem streben.

Wir wollen's nicht und doch haben wir sie,
diese Ecken und Kanten,
die Dinge, denen wir unsere Persönlichkeit verdanken.

Und vielleicht ist Photoshop auch nur so 'ne Art Verzweiflungstat,
denn auf dem Schlachtfeld unserer Generation
ist Anerkennung durch Likes der höchste Lohn.

Und sobald ein Stück Einzigartigkeit in dir brennt,
greift das Prinzip des Mainstreams,
das die Coolen von den Nerds dahinten trennt.

Und vielleicht klingt das profan,
doch ihr könnt es erahnen:
Wir sind geschaffen nach dem Bild
von Schönheit und Licht.
Und es ist nur der Gedanke an
Konkurrenz und Wertlosigkeit,
der uns als Kunstwerk zerbricht.
Und bitte, glaub diesen Stimmen nicht.

Ich hab deine Schreie gehört und mir gewünscht,
du hörst auch meine,
denn das Gute an „wir" ist,
„wir" ist niemals alleine.

# Narben

Ich bin schon durch viel
    Schlimmeres
gegangen als bloß Schmerzen.
Hab schon Schreie geschrien,
die kamen aus tiefstem Herzen
und wollten alle anderen
    Stimmen ausmerzen.

Ich hab mich schon so benom-
    men gefühlt
und in den hintersten Ecken nach
    Heilung gewühlt.
Hab schon so endlos viel
    ausprobiert,
Balsam in Form von
    Komplimenten
auf meine Wunden geschmiert.

Hab gedacht,
ich könnte mit „Mundwinkel-
    hochziehen"
mein Gehirn überlisten und es
    dazu bringen,
schlechte Erinnerungen einfach
    auszumisten.

Ich hab wirklich geglaubt, dass
    mit der Zeit alles leichter wird –
und mich damit wieder geirrt.

Wer einmal vorm Abgrund stand,
weiß, wie sich der Moment
    anfühlte,
in dem seine Kraft verschwand.

Das ist nicht zu erklären mit
    Verstand;
es ist wie der Tod, der dir sagt:
„Komm, nimm meine Hand!"

So oft habe ich schon gedacht,
ich kann nicht mehr,

und mein Rucksack – vollgepackt
   mit Leid –
wird mir einfach zu schwer.

Ich kenn das, nachts kein Auge
   zuzukriegen,
die Gedanken kommen nicht zum
   Erliegen,
deine Fantasie lernt plötzlich zu
   fliegen,
ist kaum mehr einzukriegen.

Kennst du das,
wenn eine Erinnerung dir so
   einen Stich ins Herz verpasst,
dass es dich wie ein Stromschlag
   erfasst?
Jedes Mal ein gespitzter Pfeil
   mitten ins Herz,
in die Quelle des Schmerz'.

Und dieses Aufschreien ist so laut,
dass es dir alle Hoffnung klaut.
Der Gedanke an Morgen scheint
   so endlos weit weg,
und du willst nie wieder raus aus
deinem Versteck

Wenn gestern so war,
dass ich heute noch leide,
liegt es auf der Hand,
dass ich mich gegen morgen
   entscheide.

Wenn ich die Narben in meiner
   Seele zähle,
komme ich mir vor, als ob ich
   mich selber quäle,
und ich schwöre zu Gott, ich würd
   sie gerne wegretuschieren,
geschickt kaschieren
oder einfach Make-up drüber-
   schmieren.

Ich fühl mich so unperfekt,
innerlich schon verreckt und in
   mir selbst versteckt.
Ich fühl mich so klein und verhalt
   mich, als wäre ich so groß.

Aus Angst, nicht akzeptiert zu
   werden oder
meinen Ruf zu gefährden,
gebe ich mich ganz stark,
so wie jeder gerne sein mag.

Ich hab 'ne große Klappe,
immer was zu sagen
und kann Stille kaum ertragen.
Ich will in einer Sache grandios
 sein und Eindruck hinterlassen,
alles mitkriegen, niemals was
 verpassen,
dabei sein, mitmachen, mitlachen.

Und dabei würde es keiner hier
 vermuten:
Ich bin innerlich am Verbluten.

Denn immer wenn es dunkel wird
 und sich der Tag dem Ende
 neigt,
ist es plötzlich die Fassade, die
 schweigt,
sobald sich meine Geschichte ihr
 zeigt.

Nachts kommen die unbeliebtes-
 ten Gedanken ans Licht,
sodass meine Stärke an diesen
 zerbricht.

Jeder hier hat 'ne Geschichte,
nur dass ich meine gerade dichte.
Ich denke, jeder weiß, wovon ich
 spreche,
wenn ich diese Dunkelheit hier
 vor euch erbreche.

Das Leben ist fair, weil's unfair zu
 allen ist und
es nicht du alleine bist,
der sich alleine fühlt.

Was wir brauchen, ist Licht, und
 das finden wir sogar bei Nacht,
wenn uns der Mond anlacht.

Warum schämen wir uns für
 Narben,
die Geschichten haben
und Leben in sich tragen?
Warum schämen wir uns für
 etwas,
das vergangen und verheilt ist?

Und wenn es doch täglich deinen Körper ziert,
dann hilft auch kein Verstecken, kein Bedecken.
Narben sind gar keine dunklen Flecken.
Du hast da was besiegt und hinter dich gebracht,
das jetzt keine Macht mehr hat.
Du hast dich durchgerungen, was bezwungen
und es zum Verlieren gebracht.
Und genau das hat dich doch so stark gemacht.

Es lief nicht immer alles glatt und rund? –
Na und ?

Wenn wir morgens erwachen, dann sollten wir
schon beginnen zu lachen.
Denn wir kriegen eine neue Chance,
wir selbst zu sein und uns zu freuen.

Und glaub mir, keiner wird das je bereuen.

Ich bin dankbar für alles,
was mir das Leben gebracht hat,
denn das ist's,
was mich zu mir gemacht hat.

Mein Herz ist vielleicht vernarbt,
aber es schlägt,
ist durch schlechte und unfassbar gute Zeiten geprägt.
Es hat schon so viele Freudensprünge gemacht,
den Moment gelebt und an nichts anderes gedacht,
hat aus den tiefsten seiner Fasern,
aus vollstem Herzen gelacht
und mit jedem Schlag eine Meisterleistung vollbracht.

Fällst du mal hin,
steh stärker wieder auf!
Schau den nächsten Berg an und
Geh ihn einfach rauf!
Komm, los, lauf!

Nur wer weiß, wie es ist, am
   Boden zu sein
und sich zu fühlen, als sei man
   klein,
kann die Aussicht von der Spitze
   des Berges genießen und
Mut und Hoffnung an die
   Talwanderer vergießen.

Ich würde es niemals wollen,
all die Freuden hier zu missen,
würde jedem raten, die weiße
   Fahne zu hissen
und voller Überzeugung zu sagen:
„Ich akzeptier die Challenge
   Leben!"
Denn 'ne zweite Chance wird's für
   niemanden hier geben.

Wir sind nicht der Weinstock,
wir sind bloß die Reben.

# Naturgesetz

„Wenn Gott doch nur wäre wie die Gravitation, so naturgesetzmäßig, dann wäre es möglich, zu glauben. Weißt du, ich brauche etwas, das immer gleich ist, eine Regel, etwas, auf dessen Konstanz ich mich verlassen kann. Was gibt es Schöneres als Naturgesetze, die sind so, das glaube ich nicht nur, das weiß ich, das ist Verlässlichkeit."

– Und genau das ist (m)eine Definition Gottes.

Häufig unterhalte ich mich mit Menschen und unser Gespräch gelangt an genau diesen Punkt, an die Frage, wie ich an etwas glauben kann, das ich nicht sehe, das nicht bewiesenermaßen existiert und sich regelhaft zeigt.

Nun, ich glaube an jemanden, den ich erlebe, der seine Existenz in meinem Leben immer und immer wieder bewiesen hat und der sich offenbart. Ich glaube, dass Gott das größte aller Naturgesetze, ja dass er das Naturgesetz in Definition ist, denn mein Gott ist immer gleich. Er ist immer grenzenlos gut und radikal liebevoll, er hat immer das Beste im Sinn, seine Tür ist immer offen – Gott ist die Konstante in der Gleichung, er ist verlässlich, immerwährend.

Das heißt jedoch nicht, dass ich in jeder Situation weiß, was passieren wird, wie es mir klar wäre, dass der Apfel auf den Boden fällt, sobald ich ihn loslasse. Im Gegenteil, ich weiß nicht, was passieren wird, aber ich bin mir sicher, wie Gott handelt – in Liebe, weil er Liebe ist. Daraus folgt, dass seine Intention, sein Herz, immer gleich ist. Die Bibel beschreibt sein Wesen, indem sie von Gegebenheiten erzählt, in denen Gott auf vielfältige Art und Weise gehandelt hat, und das immer mit einem Ziel: die Errettung der Menschen, die Eroberung ihrer Herzen durch den puren Beweis: Ich bin Gott – und du darfst mir glauben, du kannst dich auf mich verlassen, ich ändere mich nicht. Nicht umsonst heißt es in seinem Wort zu hundertfach „Erinnere dich".

Gott zeigt sich – in all seinen Facetten und doch immer wieder als derselbe, immer wieder als Gesetzgeber der Natur.

# Künstler

Stadtkind, gewöhnt an Lärm und schnelles Gehen,
in dem Strom der Straßen komm ich sonst kaum zum Stehen,
muss auch gar nicht ruhen,
denn ich mag's nicht, nichts zu tun.

Und steh ich hier inmitten seiner Schöpfung,
eingehüllt in Stille, frag ich:
Kann das wirklich sein, war es sein Wille,
mich zu erschaffen als einen Teil der Welt
und sich dafür zu entscheiden, dass er immer zu mir hält,
dass auch meine Wenigkeit was zählt?

Ich schein so klein zu sein,
inmitten dieses Universums,
ein Hauch von Endlichkeit in Anbetracht der Zeit.
Nur ein Pixel, dem anderen bloß gleich in seiner Einzigartigkeit,
der erst in Gemeinschaft die Schönheit eines Gemäldes zeigt.

Ja, aus einem Akt Gedankenfülle, lieben, leiden,
schuf die Hand ein Werk zum Sein,
und in das größte aller Kunstwerke
stellte jemand
einst den Menschen hinein.

Mein Name ist für das Weltge-
   schehen von nichtiger Relevanz
und doch unter Milliarden
   Menschen
bittet er gerade mich um einen
   Tanz.

Ja, ich und du, das Wir, das wird,
seine Liebe in dir
fließt in Strömen zu mir.
Wasserfälle voller Macht fließen
   hinab,
und ihr Klang nimmt uns mit,
ja berauscht,
wenn man lauscht.
Und ich frag mich, was es sagt,
was die Botschaft wäre, wenn man
   fragt:
Kann das Liebe sein?

Schluchten,
abgrundtief,
so blicke ich hinein
und wünschte,
irgendwo in all der Tiefe
würde Antwort sein
auf all die Fragen.

Würde wagen können zu springen
und Einklang finden in die
   Flüsse,
deren Rauschen von deiner
   Schönheit singen.

Doch ich steh hier oben,
lasse Blicke streifen,
in die Weiten, die seit ewigen
   von Zeiten
feststehen und ergreifen
Herzen, Sinn, ja Menschlichkeit.

Nichts kann ich für das Bild,
   nichts für all das um mich rum,
in meiner Position des Betrach-
   ters,
der doch Teil des Werks,
werde ich vor Unverständnis,
ja vor Staunen stumm.

Warum bei all dem Glanz
setzt du dich zu mir in den Staub?
Ja, das muss Liebe sein.
Weil du willst,
dass ich dir glaub.

Umgeben von satten Farben,
gezwitscherten Lebensmelodien,
ausgestattet mit all seinen Gaben,
fall ich vor Ehrfurcht auf die Knie.
Und heb ich meinen Kopf,
so seh ich Berge,
höher als mein Blick nur reicht,
Ozeane, deren Weite Unendlichkeiten gleicht,
und ich merke, wie aus meinem Wundern
tiefe Demut weicht.

Wann haben wir verlernt zu staunen,
beim Anblick solcher Schönheit?
Wann vergessen, dass jedes Kunstwerk einen Künstler braucht?

Jedes Bild einst weiß und fahl war,
bis es Lebenshauch bekam.
Und so wird das kalte Weiß
durch des Erschaffers Geist
und lauter Liebe farbvoll warm.

Unmöglich, dass die Perfektion,
die sich da vor meinen Augen zeigt,
bloß Zufall sein soll.
Und während meine Stimme vor lauter Staunen schweigt,
schreit die Schöpfung seinen Namen,
ruft ihm zu:

„Der größte aller Künstler, Herr, bist du."

# Ebbe und Flut

In den Händen alte Bilder
von Zeiten, die waren,
von Momenten, von denen wir
   uns wünschten,
sie könnten uns noch einmal
   widerfahren.
Zurück in die Jahre,
in denen der Traum Heute war.
Saßen wir nicht damals da
und die Zukunft schien so klar?
So gewiss und so beständig,
so vertraut in alter Hoffnung.

Es liegt noch was vor uns,
hat man gesagt,
hat uns nach unseren Plänen
   gefragt.
Nach Träumen und Wünschen,
Palästen aus Gedanken,
ja alles liegt vor uns,
bloß keine Schranken.

„Das Leben",
welch geschwollenes Wort,
„Das Leben ist",
welch verbrauchter Beginn eines
   Satzes,
der doch nichts erklärt.
Ein Versuch, Erkenntnis zu
   ergreifen,
Wahrheit zu erfassen,
während täglich kläglich
   Erinnerungen verblassen.

Was wir alles sollten
und was wir davon wollten
und – was ist.

Es scheint
schwarz und weiß
zu radikal.
So viele Optionen,
doch keine Wahl.

Und das Dunkle wird nicht wieder hell,
wie kann das sein?
dieses Leben hier,
man sagte mir,
es wäre mein.
Nein, ich seh das nicht ein,
ich geb's nicht ab,
ich leg's nicht hin.
Ich seh nicht wieso,
ich seh kein Gewinn.

Sagst du – und sitzt da
dein Ausblick schwarz,
das Weiße war.
Und jetzt ist klar,
dass sich das Ende nicht mehr ändern wird.

Wie unfair, unbestimmt,
– wie vorgeschrieben.

Deine Geschichte in 'nem Buch,
das Leben geht,
der Name ist geblieben.

All deine Lieben haben ‚Tschüss' gesagt,
gewusst, dass Abschied nicht vertagt,
dass aus dem Punkt kein Semikolon wird
und gesehen: damals,
da haben wir uns geirrt.

Zu jung, mit Sicherheit,
weit vor der Zeit,
die wir uns wünschten.

Doch in Anbetracht der Ewigkeit,
sind wir alle jung
– und nie bereit.
Was wir haben,
das ist unsre Zeit.

Aber wenn sie doch vergeht,
was bleibt?

Ein Name in 'nem Buch.
Was soll das sein?

Vorgeschrieben, all die Tage,
jedes Lächeln handgemacht.

Herzschläge,
in Perfektion vollbracht.
Eine Geschichte, einzigartig,
bis ins kleinste Detail.
Und in allem, was ich nicht verstehe,
fällt mir auf, dass ich so was wie 'nen Schöpfer sehe,
doch du willst ein Happy End –
ich verstehe.

Es ist vorbei,
sagst du mir ins Gesicht.
Und ich muss dir sagen:
Ich seh das Ende nicht.
Weil es einen gibt,
der mir verspricht:
„Ich hab 'nen Horizont für dich in Sicht!"

Kurz vorm Tod
und ich steh hier und erzähl dir,
dass Gott gut, ja dass er treu ist,
und dass, wenn du Ja sagst,
dein Leben neu ist.
Und damit mein ich nicht ein Mehr an Tagen.

Es tut mir leid,
ich will dir sagen,
dass dich Liebe trägt, wohin du gehst,
und dass, auch wenn du 's nicht verstehst,
Licht in deinem Leben ist.
Dass es einen gibt,
der will dir Farben geben,
und der dir sagt:
„Dein Name steht in meinem Buch,
du kannst in meinen Armen ewig leben.
Komm, komm so wie du bist,
komm und sieh,
ich hab dich vermisst –
all die Jahre, ich warte."

Ebbe und Flut,
so würde ich's nennen,
ein ewiger Kreis,
ein endloses Rennen,
ein Nichtwissen, gefolgt von Erkennen.

Erst Übermut, dann Einsicht,
dass die Wellen kommen und
   gehen,
dem Schicksal ausgeliefert?
Nein, denn dir ist die Hand
   bekannt,
die in der Ebbe Segen schickt,
und mit der Flut den Anker.

Ebbe und Flut – die Gezeiten des
   Lebens.

Ich sitze am Meer,
in den Füßen der Sand,
nehme ihn in die Hand
und lass ihn durch die Finger
   rinnen,
dem Leben gleich.

Und in den Haaren Wind,
wild, unbändig, frei,
und ich wünschte, ich könnte
   mein Herz mit ihm treiben
   lassen.
Ich seh die Welle kommen,

die Flut – sie nimmt mich mit.
Hab meinen Namen in den Sand
   geschrieben,
als dort Ebbe war.
Weggewischt, mit der Zeit,
doch wie gut, dass ich weiß,
dass er in Ewigkeit
in dem Buch des Lebens bleibt.

# Eine von Milliarden

Tausende Wege,
doch ich hab nur einen ersten Schritt,
will mich nicht falsch entscheiden,
denn vielleicht kehr ich nicht zurück,
muss vermeiden, dass mir Zeit verloren geht,
weil irgendwo in meinem Kopf riesengroß
„beeil dich!" steht.
Bin rastlos, nirgends richtig, fühl mich unbedeutend in 'ner großen Welt
und irgendwie nicht wichtig.

Eine von Milliarden.
Doch gerade ich bin Anteilhaberin an Gottes Gaben.
Meine Gedanken sind bloß ein Bruchteil einer Dimension, an die ich glaube.

Ich habe ein Ziel,
ich weiß nur nicht, wo es ist,
weil man angekommen, nicht an Irdischem misst.
Ich bin auf dem Weg
und doch immer schon da,
meilenweit weg
und doch schon ganz nah.
Was ich für möglich halte,
ist eine Ewigkeit von dem entfernt, was machbar ist,
weil man seinen Horizont nicht aus meiner Perspektive misst.

Jede Blume auf dem Feld ist gekleidet in Licht,
und wie wunderschön zu wissen,
dass Gott von mir als Braut in makelloser Schönheit spricht.

Wer ich bin und was ich tue, sind
   zwei verschiedene Dinge.
Mein fehlerloses Herz ist das,
womit ich Fehler vor Gott bringe.
Bin neu geschaffen, ertränkt in
   Gnade,
vergeben, auch wenn ich jeden
   Tag aufs Neue
meine Schuld vor sein Kreuz
   trage.

Ich habe Sünden
und bin doch Lobpreis seiner
   Herrlichkeit,
gerecht erklärt für alle Zeit,
befreit aus der gegenwärtigen
   Welt,
weil sein Licht mein Leben erhellt.

Eine von Milliarden,
doch gerade ich
wandere auf seinen Pfaden,
bin auserwählt,
und alles, was noch zählt,
ist der Ruf seiner Stimme.

Ich habe ein Ziel, ich kann's nur
   noch nicht sehen.
Es übersteigt meine Vorstellungs-
   kraft,
nein, ich kann's nicht verstehen,
doch bin ich unermesslich reich
   beschenkt,
weil er jeden Tag, jede Sekunde an
   mich denkt.
Ich bin unendlich geliebt,
weil mein Vater mir die Fülle des
   Lebens gibt.

Ich kann an nichts Vergleichbares
   denken,
dankbar vor Freude, dass seine
   Versprechen meine Schritte
   lenken.
Was er angefangen hat,
wird er auch zu Ende führen.
Glaub mir, Gott öffnet dir die
   Türen.

Ich bin Kämpferin Gottes,
mit seinem Wort, das durch mich
   hallt.
Es geht nicht um Gewalt.

Es geht darum, dass es Liebe regnet,
und er sintflutartig die Herzen aller Menschen segnet.
Es geht um das Ende des Kriegs,
denn de facto gehört niemandem der Sieg.

Ich bin Botschafterin der Guten Nachricht,
der Versöhnung mit Feinden,
ruf auf zum Tempelbau alle Gemeinden.
Wir sind Fragmente nur eines Bauwerks,
zur Einheit bestimmt,
weil Spaltung den Wind aus den Segeln nimmt.

Wohin gehen wir,
wenn wir nicht zusammen gehen?
Wofür stehen wir,
wenn wir nicht zusammenstehen?
Wen bezeugen wir,
wenn es nicht der Eine ist?

Wir sind verantwortlich füreinander,
Teil einer Gemeinschaft,
denn nur aus Einheit
schöpft man Kraft.

Ja, ich bin kraftvoll durch seinen Geist,
mutig, weil ich weiß,
ich bin für immer frei,
und wohin ich geh, er ist dabei.

Bin ruhig in der Gewissheit,
dass sein Plan für mein Leben aufgeht
und er ganz am Ende dasteht,
um mich mit offenen Armen zu empfangen.
Ich muss um nichts mehr bangen,
bin

eine von Milliarden,
doch berufen.
Folge seinem Weg über all die Stufen
und auch über all den Schmerz.

Hab ein Herz,
das im Innersten für Gottes Liebe brennt,
hab mich entschieden für ein festes Fundament,
bin gewiss, dass alles zu meinem Besten dient,
auch wenn nichts danach scheint,
weil vertrauender Glaube und Hoffnung sich in mir vereint.
Weil ich weiß,
dass mein Horizont so viel kleiner ist als seiner.

Und so glaube ich, wenn er sagt:
Ich bin angekommen,
hier genau richtig,
auf meinem Weg durch die Welt
und für ihn wirklich wichtig.

# Einsicht

Manchmal, wenn ich nachts im Auto sitze, fahre und mir ein Auto entgegenkommt, habe ich diesen einen Gedanken, das Bewusstsein darüber, dass ich das Passieren des Autos nur oder nur dann folgenlos überleben und weiterfahren werde, wenn und weil die Person, die in dem Auto sitzt und lenkt, leben möchte. Ich bin in diesen Sekunden vollkommen auf den Willen des anderen angewiesen und abhängig von einem Einvernehmen, das niemals als solches ausgesprochen wurde. Mein Leben liegt in diesem Moment in den Händen eines anderen.

Glaube ist etwas für die Schwachen, höre ich die Menschen sagen. Zum Glauben finden, das geschieht häufig an den Punkten im Leben, an denen man selbst nicht mehr weiterkommt, es klar wird, dass da nichts mehr an menschlichem Tun zu leisten ist, dass sich nichts mehr ändern wird, nur weil ich will.

Als ich Krebs hatte, da hätten meine Eltern alles getan, um mich zu heilen, viel mehr noch, sie hätten die Krankheit auf sich genommen, damit ich gesund werde. Aber es ging nicht. In jungen Jahren stand ich an diesem Punkt in meinem Leben, an den manche Menschen erst viel später kommen: An dem Punkt der Einsicht: Du, Mensch, kannst hier nichts mehr tun, das Leben liegt nicht in deiner Hand. Deswegen sage ich: Glaube ist nicht etwas für die Schwachen, sondern für die Einsichtigen, für jene, die verstehen, dass sie nichts in ihren Händen halten, auch wenn das so scheint. Daran erinnert mich das Autofahren, an eine Illusion von Kontrolle.

Ich bin dankbar dafür, dass meine Krankheit mich in einzigartiger Weise geprägt, geformt und Spuren hinterlassen hat. Ganz früh schon habe ich eine Perspektive auf das Leben bekommen, wie ich sie allen Menschen wünsche, denn wer am nächsten Morgen aufwachen würde, das war nie sicher und so war jeder Tag ein echtes Geschenk, wahre Freude. Das Leben gewinnt nicht an Wert, nur weil und wenn einem Menschen seine Unsicherheit bewusst wird, nein, im Gegenteil, es entfaltet den Wert, den es hat und den wir ihm viel zu selten und viel zu wenig zuschreiben. Es zeigt sich in all seinen Facetten und Möglichkeiten, in seiner Lust auf Zukunft und Begeisterung an der Gegenwart. In Anbetracht eines Endes fällt einem auf, was man noch alles machen wollte, im Schein der schier unendlichen Tage wird das Geschenk zur Gewohnheit degradiert und das Morgen erscheint selbstverständlich.

Ich stand schon da an diesem Punkt der Einsicht. Es hat mich nicht deprimiert hinterlassen, gequält von dem Gedanken, dass alles sinnlos sei, nein, ich habe mich fallenlassen in die Hände eines anderen, in die Abhängigkeit von seinem Willen und in ein Einvernehmen, dem ich nur noch zustimmen musste. Vertrauen und Liebe fangen dort an, wo der Versuch, Kontrolle zu behalten, aufhört, vielleicht sogar scheitert oder bewusst kapituliert – aus Einsicht. Aus meiner Illusion von Kontrolle wurde Gewissheit darüber, dass mein Leben sicher ist – in der Hand eines anderen.

# Staffellauf

Ich leg mein Herz in deine Hand,
wollte es lange selber tragen,
doch hab mich verbrannt,
viel ist passiert,
doch ich hab erkannt,
dass ich allein nichts bin,
denn ohne ihn macht nichts einen Sinn.

Schau dein Leben an, und sag mir dann:
Was treibt dich voran?
Wo ist dein Ziel und wo kommst du an?
Die Zeit, die läuft,
und irgendwie laufen wir mit,
keine Ahnung wie, aber irgendwie halten wir Schritt.
Wofür, kann mir trotz Tausender Fragen
keiner hier sagen, wir kommen nicht voran,
wir drehen uns im Kreis.
Doch eigentlich ist das Kreuz der lebende Beweis
dafür, dass Tag und Nacht, Leben und Tod –
dieser Kreislauf –, dass er Sinn macht.

Leben ist Christus,
darum bringt Sterben Gewinn,
und er sagt zu dir:
Mein Kind, hör gut hin!

Bedenk, jeder Tag ist ein Geschenk,
jeder Herzschlag von mir gemacht
und jedes Lächeln hab ich
auf deine Lippen gebracht.

Lerne, deine Tage zu zählen,
denn am Ende bist du's – mein Kind –
du musst wählen.
Willst du Wasser oder Feuer?
Der Preis deiner Rettung – schau ans Kreuz –,
er war teuer.

Ich hab dich bei deinem Namen gerufen,
du gehörst mir, wo auch immer du bist,
ich bin bei dir.
Und immer heißt das, was es meint,
auch wenn's manchmal anders scheint.
Sei gewiss indessen:
Ich hab dich nicht vergessen.

Doch du fragst:
Warum ich?
Warum willst du mich?
Bin so klein und so nichtig,
doch er sagt:
Ich denk immerzu an dich,
denn du bist mir wichtig.

Und so leg ich mein Herz in seine Hand.
Und strande ich irgendwann am weiten Strand,
um mich herum nur Sand,
hab ich im tiefsten Innern erkannt,
dass man jedes Korn sein Kunstwerk nennt,
dass er es bis in die feinsten Strukturen kennt,
es erschaffen hat, und er allem,
ein Fragment seiner Schönheit verpasst,
Alles, was auf Erden wertvoll ist, verblasst
und sobald ich zu ihm lauf,
reißt er den Vorhang auf.

Startschuss.
Fokussier das Ziel und lauf los!
Bist du klein, macht er dich groß,
denn seine Liebe ist bedingungslos.
Und Angst ist bloß 'ne Hürde.
Nimm Anlauf, spring
und überwind sie mit Würde!


Unser Ziel ist auf Liebe konzentriert,
auf Gnade basiert und Endlosigkeit fixiert.
Der Sieg – er ist garantiert,
der Pokal mit seinem Blut verziert,
es ist schon vollbracht,
dieses Rennen hier ist für uns gemacht.
Wir als wir sind eins und es ist wahr,
wir sind Mehrzahl im Singular:

Ein Leib und viele Glieder,
wir sind deins und wir glauben,
du kommst wieder.

Und so kommt's, dass wir gerne laufen,
denn Ewigkeit kann man sich nicht kaufen.
Die Welt hält Vergänglichkeit bereit,
doch sein Leben hat uns aus Limitierung befreit.
Unendlichkeit ist der Zenit der Zeit,
wir laufen zu ihm,
es ist nicht mehr weit.

Der Weg geht durch Freude und durch Leid,
über Berge und Täler,
der Pfad zu ihm, ja, er wird immer schmäler.

Doch ruft er mich her,
lauf ich mit und zu ihm übers Meer,
und ich bezweifle nicht,
dass sein Wort die Gebirge aufrichtet und zerbricht.

Ja, aus seiner Sicht würd ich gern
   die Welt betrachten,
was hier so wichtig scheint,
augenblicklich als nichtig
   erachten.

Würde gern aus seiner Perspektive sehen
und mal verstehen,
was für mich so unbegreiflich
   scheint.
Doch vielleicht ist dieses
horizontübersteigende Unverständnis das,
was uns vereint.

Ich kenne niemanden,
der die Schönheit der Natur
   verneint.
Niemanden, der den Tod eines
   Freundes nicht beweint.
Ich kenne niemanden, der nicht
   am Leben hängt,
und niemanden, der gern ans
   Sterben denkt.
Ich kenne niemanden, der sich
   selbst als sinnlos betrachtet,
und niemanden, der nicht einen
   als einzigartig erachtet.
Ich kenne niemanden,
der mir die Welt erklären kann bis
   ins Detail,
denn niemand war dabei.

Doch wir sind jetzt und hier –
in diesem Moment,
und ich frage, was uns verbindet,
   was uns trennt.
Und ich will, dass die Welt deinen
   Namen kennt,
dass alles und jeder losläuft,
zu dir rennt, bekennt:
Du bist das Ziel meiner Reise,
und komm ich von der Welt zu
   dir,
nimmst du mich auf und flüsterst
   leise:
Das hier ist Staffellauf.

„Den Müden gebe ich Kraft,
damit es jeder hinauf zu mir
   schafft.
Die Schwachen mache ich stark,
denn er wird kommen – der Tag,

an dem selbst junge Leute kraftlos
  werden
und die Stärksten erlahmen,
doch glaub mir, ich hab Erbarmen.
Alle, die auf mich vertrauen,
bekommen immer wieder neue
  Kraft,
denn ich halte mein Wort,
bin der, der alles erschafft.

Meinen Kindern,
ihnen wachsen Flügel wie Adler.
Sie gehen und werden nicht
  müde,
sie laufen und brechen nicht
  zusammen,
durch Feuer oder Wasser,
sie bekommen keine Schrammen,
denn ich, der Herr, verspreche dir:

Ich bin das Licht, die Liebe und
  das Leben,
und alles habe ich dir gegeben."

# Was wenn?

Du lebst.
Du atmest.
Jetzt gerade.
Dein Herz schlägt seinen eigenen Takt,
vielleicht spielt es 'ne Ballade,
und hinter der Fassade
hinter dem Gesicht,
ist deine Seele, die spricht:
Ich kenne dich –
und ich tu's nicht.

Und trotzdem will ich wagen, dich zu fragen:
Was wäre wenn?
Was wäre, wenn es morgen vorbei wär?
Wenn du morgen sterben würdest? Was dann?
Ich weiß, die Vorstellung ist nicht so genial,
doch versuch's einmal und du wirst sehen:
Der Gedanke wird zur Qual,
denn dann hörst du auf zu atmen,
dir fehlt die Luft,
kannst nichts mehr riechen,
nichts mehr von dem ganzen Duft.
Zwischen dir und dem Morgen
liegt nicht mehr nur die Kluft der Nacht,
weil dein Körper nicht mehr erwacht,
dein Gesicht, dein Herz nie wieder lacht.
Und gerade gestern hast du noch gedacht,
dass morgen noch so viel passiert,
und kann das wirklich sein,
hast du dich geirrt?

Du bist noch so jung und lebendig,
hast noch so viel vor,
und willst sie gar nicht kennen,
die Schwelle zum Himmelstor.
Das wäre nicht normal,
das ist nicht der Lauf der Dinge,
doch du hast nicht die Wahl.
Und auch wenn ich seltsam klinge,
du hast nicht die Wahl,
denn der Grat, auf dem wir wandern,
der ist ziemlich schmal.

Ich frage mich:
Warum halten wir so sehr am Leben fest?
Warum hängen wir unser Herz daran,
ohne das hier doch keiner Leben kann?
Warum kommen wir ins Grübeln
und warum kann's dir keiner verübeln,
dass du leben willst?
Warum ist das normal?

Ich, ich bekomme Panik,
wenn ich an das Ende denke,
denn ich wär noch gerne hier,
würde noch so vielen Menschen sagen wollen,
was ich fühl, und ich wär noch gern bei dir.
Ich hoffe, dass ich die Träume, die ich webe,
auch noch irgendwann erlebe.
Ich hab noch so viel geplant,
hab mit der Zeit gerechnet, die nicht da war,
weil mir nicht klar war,
dass ein Plan nur so viel Wert hat wie Spielzeuggeld
und die Vergabe der Tage nicht in meine Hände fällt.

Ich, ich bekomme Herzrasen
und vergess die ganzen Phrasen, wie:
*You only live once,*
denn es geht nicht um das eine Mal,
nicht um die Tage an der Zahl,

sondern um das „Wie" hast du
   gelebt
und „Wonach" hast du gestrebt,
hast du Leben gehabt oder Leben
   erlebt?

Ich, ich wollte noch alles besser
   machen,
hab noch zigtausend Sachen,
die auf meiner Liste stehen,
will noch so viele Orte sehen,
Geheimnisse erforschen und so
   vieles verstehen.
Ich, ich will morgen noch nicht
   gehen.

Ich will noch mein Abitur
   bestehen,
noch Ja sagen,
noch mein erstes Mal haben,
noch so viele Fragen stellen.
Ich will noch leben, Liebe
   schenken,
ich will jetzt noch nicht an das
   Ende denken.

Denn was ist dann?
Selbst wenn ich dran glaube,
dass Himmel existiert,
gefriert mein Blut in den Adern,
denn ich will ja – aber noch nicht
   jetzt.
Und kann's sein – hab ich mich
   verschätzt,
oder was kommt, was kommt
   zuletzt?

Hey du, kannst du mir auf
   irgendeine meiner Fragen eine
   Antwort sagen?
Warum plagen uns Gedanken,
ziehen ihre Kreise, bauen ihre
   Schranken?
Warum erstickt uns die Zeit?
Und warum sind wir zu keinem
   Zeitpunkt bereit?

Ich, ich bin siebzehn
und in den Augen vieler noch
   klein,
doch hab auch ich – wie ihr – das
   Privileg zu sein.

Und wenn du mich fragst,
 ob ich gerne älter wär,
dann würde ich verneinen,
denn ich hab keine Eile.
Ich lese lieber zwischen jeder Zeile,
denn so ist das Buch nicht so schnell zu Ende,
denn ich hab nur das eine und leider keine Buchbände.

Ich glaube, ich hab noch so viel Zeit,
doch wer verspricht mir das?
Wir alle meinen und wissen doch nicht,
scheinen so klug, aber leben mit verblendeter Sicht –
doch gerade ins Dunkle bricht das Licht.

Würden wir jeden Tag so leben,
als wäre es unser letzter,
würden wir dann nicht alles geben,
um zu heilen, was verletzt war?
Hätten wir dann noch Zeit zu hassen,
oder würden wir uns von Liebe leiten lassen?
Ginge dann noch irgendein Gedanke an Streitigkeiten,
oder würden wir nicht lieber anderen Freude bereiten?
Wäre da noch Platz für dich allein,
oder würden wir lieber stets zusammen sein?
Ginge es uns dann noch um Ruhm auf Erden,
oder würde es uns reichen, von wenigen,
aber wirklich geliebt zu werden?

Siehst du – alles verliert an Wert.
Was wir haben wollen und
was wir tun, ist irgendwie verkehrt.
Wir alle wissen, dass das Leben ein Limit hat,
doch wissen nicht wann.

Vielleicht kommt noch ein Kapitel,
vielleicht ist auch der Abspann dran.

Es ist falsch, zu glauben,
dass du die Geschichte selber schreibst,
weil du stets bloß Protagonist des Erzählers bleibst.
Ja, es ist dein Leben,
doch du hast's dir nicht gegeben
und hast kein Recht vorm Tod, dein Veto einzulegen.
Du bist Teil eines Plans, den du nicht kennst,
den du vielleicht bloß Schicksal nennst,
und das ist nicht fair.
Die Hände des einen sind voll
und die des anderen leer.
Der eine hat's leicht, der andere schwer.

Und doch ruft das Licht früher oder später jedem zu:
Komm doch her.
Und dann, dann zählt das alles nicht mehr.

Was wenn?
Was wäre, wenn es morgen vorbei wär?
Wenn du morgen sterben würdest?
Was dann?

Ich würde gerne, aber kann dir keine Antwort geben,
denn das musst du selber tun.
Ich würde gerne eine Moral verfassen
oder wenigstens ein Happy End,
doch bin auch ich nur jemand,
der nicht das Ende deiner Geschichte kennt.

# Nur noch morgen

Alles, was man hat,
wird irgendwann nicht mehr sein,
und das, was ist,
wird irgendwann Schein.
Ein Hauch Erinnerung,
ein Fragment der Zeit,
ein Moment, und ich denk:
Halt sie an,
denn ich war nicht bereit.

Als junger Mensch stehst du da,
getrieben vom Willen,
schon zu haben, was kommt.
Verkrampft im Gedanken,
dass bald, bald alles besser wird.
Rastlos im Jetzt –
und erst morgen wird dir klar:
Was du hast, Mensch, das schätz.

Jung, doch eingeengt in Regeln,
schon seit Tagen bereit,
die Mäste zu spannen und einfach
    draufloszusegeln.
Raus aus dem Hafen
und rein ins Meer.
Immerzu weg, doch der frische
    Wind,
er zieht doch her.
Ist nicht zu jagen
und erst recht nicht zu fangen.
Und fängt dein Schiff an zu
    wackeln,
fängst du an zu bangen.
Gegen den Wind herrscht
    Widerstand,
also halt mal kurz an und bleib an
    Land.

Mit sechzehn wollen wir achtzehn
    sein,
immer noch klein, aber nein,
wir sind dann erwachsen,

frei zu unterschreiben –
und frei zu übertreiben.
Schon bald endlich achtzehn,
nur noch ein paar Tage,
doch es kommen die Jahre,
da müssen wir sagen:

„Nur noch ein paar Tage" –
Und dieser Satz wird uns quälen,
ja, er wird uns erzählen,
dass wir sie alle schon hatten.
Und vielleicht wird dann klar,
dass heute schon war,
dass nur noch morgen bleibt.

Ich weiß nicht, wieso,
aber wir haben das Gefühl,
dass unsere Zeit noch kommt,
dass jetzt noch nicht richtig ist,
dass wir noch warten müssen,
um zu tun, was wir wollen,
weil wir gerade bloß sollen.

Wenn wir sind, was wir tun,
nennen wir uns dann Aufgaben
und Pflichten?

Nein, danke, darauf kann ich
verzichten.
Will mehr sein als 'ne Note,
mehr als ein „Bestanden",
mehr als ein „Glückwunsch,
attestiert, dein Fleiß ist vorhanden",
mehr als ein hab's halt gemacht,
aber nicht so richtig verstanden.

„Jetzt, da kann ich noch nicht,
denn ich habe keine Zeit."

Für so eine Lüge such ich nicht
mal nach 'nem Reim.
Wenn deine Zeit jetzt nicht ist,
dann glaub mir, kommt sie nie.
Wenn deine Fantasie jetzt nicht
lebt,
wird der Vulkan aus Träumen in
dir nie explodieren.
Weil's nicht bebt,
weil du nicht willst, nicht,
weil du nicht kannst.
Weil du stehst, anstatt tanzt.

Weil du wartest auf ein Morgen,
das zu eben jenem Heute wird,
das dir nicht reicht und so jeder Tag
in seinem Warten auf den nächsten dem anderen so gleicht.
Weil das, was du kannst,
dem, was du fürchtest, weicht,
bis du merkst:

Heute habe ich „nur noch morgen erreicht".
Alles geht vorbei –
und weißt du was?
Genau in dieser Limitierung bin ich frei!

Stehst du vor einem Scherbenhaufen,
den Trümmern deines Lebens,
nimmt dich jemand in den Arm und sagt:
„Hey, es geht vorbei.
Es wird wieder bessere,
ja phänomenale Tage geben."

Halt bloß durch,
es geht vorbei, diese Woche noch
und die Prüfungen sind um
und du bist frei.
Halt bloß durch,
denn alles geht vorbei,
egal, wie groß und wichtig es auch sei.

Der Zenit deines Seins,
der Gipfel des Erfolgs,
die beste Zeit deines Lebens – ist bloß ein Moment,
hält nicht an, sondern rennt.

Dein Glücksgefühl und all die Freude,
dein Lachen und all die Sachen,
die das Leben besser machen,
sind nicht festzuhalten,
nicht zu fassen.
Ebenso wie wir ein Feuer dann doch zur Glut erkalten lassen.

Es geht vorbei
– ob du willst oder nicht.

**Bildnachweis:**
Cover, S. 7: Henry Flaming
S. 29: Margie/photocase;
S. 51: Addictive Stock/photocase;
S. 73: froodmat/photocase;
S. 87: © Lucas1989/photocase

Als deutsche Bibelübersetzung ist zugrunde gelegt:
Gute Nachricht Bibel, durchgesehene Neuausgabe,
© 2018 Deutsche Bibelgesellschaft, Stuttgart.

© Verlag Herder GmbH, Freiburg im Breisgau 2019
Alle Rechte vorbehalten
www.herder.de

Gestaltung der Kapitelauftaktseiten: Gestaltungssaal, Rosenheim

Satz: Arnold & Domnick, Leipzig
Herstellung: Graspo, Zlín

Printed in the Czech Republic

ISBN Print   978-3-451-38479-0
ISBN E-Book  978-3-451-81650-5

Irgendwie ist die Vergänglichkeit
 des Lebens Pflicht.
und selbst wenn die Jugend dir
 verspricht,
dass noch alles vor dir liegt,
ist es immer das Jetzt,
das über das Morgen siegt.

Alles verfliegt
– und das viel zu schnell.
Die Welt, sie kreist,
und nach jeder Nacht wird es hell.
Alles geht weiter
und ich hoffe für dich,
du bist nie die Person, die nicht
 bereit,
wenn nur noch morgen bleibt
und das Leben seine letzten Sätze
 schreibt.

Du hast nur das Jetzt,
das Heute und die Ewigkeit
 danach, doch morgen ist nicht
 garantiert,
deswegen will ich jemand sein,
der heute schon sein Leben an die
 Ewigkeit verliert.

In Gedanken an all die Taten,
die ich nicht mehr morgen tun
 werde,
denn wer weiß, wie lange ich noch
 hier bin
auf dieser einen Erde.

Es ist irrelevant,
wie jung oder alt,
denn ganz egal wann,
es kommt viel zu bald.

Deine Zeit kommt nicht,
deine Zeit ist,
weil du nicht erst werden musst,
sondern bist.
Weil das Limit dich drängt,
nach deinen Träumen zu handeln
und etwas davon in Wirklichkei-
 ten zu verwandeln.

Nur noch morgen – und auch das
 geht vorbei.
Deswegen lebe ich jetzt –
und heute, bin ich
frei.